Jakob Lorber

Worte der Ewigen Liebe

AF175644

„So wolle denn auch gnädig aufnehmen unseren schwachen Dank, wie Du herablassend, uns armen, nichtwerten Sündern nun offenbarst so große und tiefe Geheimnisse, deren wir nicht wert sind auch nur im allergeringsten.

Siehe, o guter, heiliger Vater, auf unser zerknirschtes Herz, da wir uns schämen, auch nur dankend mit unseren menschlichen Worten zu reden, nachdem wir Deine Worte voll Lebens vernommen haben.

O großer Dank, große Ehre, großer Ruhm sei Dir ewig, wie in den Himmeln, so auch in unseren Herzen! Amen."

Hi.1.23

Jakob Lorber

Worte der Ewigen Liebe

Besinnliche Texte zur Verinnerlichung

© 2023 Jakob Lorber
3. korrigierte Auflage 2023
Zusammengestellt und herausgegeben von Klaus Kardelke

Bibliografische Information der Deutschen Nationalbibliothek:
Die Deutsche Nationalbibliothek verzeichnet diese Publikation in
der Deutschen Nationalbibliografie; detaillierte bibliografische
Daten sind im Internet über http://dnb.dnb.de abrufbar.

Herstellung und Verlag: BoD – Books on Demand, Norderstedt
ISBN 978-3-7519-5278-1

Gott hat es noch nie an großen und kleineren Offen-
barungen mangeln lassen, aber darum dennoch nie
einen Menschen genötigt, dieselben zu beachten. Wohl
aber dem, der sie beachtet und sein Leben danach einrichtet! GEJ.7.121,11

Diejenigen, welche die Schrift besitzen und sie nicht
lesen, gleichen einem Durstigen am Brunnen, wo
reines Wasser ist, das sie aber nicht trinken wollen,
entweder aus einer gewissen geistigen Wasserscheu,
oder auch wohl meistens aus einer gewissen lauen
Trägheit. HGt.1.1,9

Schlicht und prunklos steht das Wort Gottes durch den
Buchstaben im Buche; so aber jemand dringet in das
schlichte Wort durch die enge Pforte der demütigen
Liebe, zu welch einer Wunderfülle gelangt er in einem
einzigen Worte Gottes, welches da einfach und prunklos steht im Buche, aus Buchstaben zusammengesetzt.
GS.1.10,11

Mir liegt wenig daran, ob ihr diese Meine Worte schön
oder nicht schön findet, aber es liegt Mir alles daran,
dass ihr darnach handelt; denn nicht der Bewunderung
wegen, sondern eures Heiles willen gebe Ich sie euch.
Ste.11,28

Nimm aber auch gerne das Neue Testament zur Hand
und lese es sorgfältig, so wirst du darinnen gar bald des
wahren Lebens Schule entdecken. Hi.1.409,7

Was aber jedoch die Heilige Schrift betrifft, so soll darinnen lesen, der eines einfältigen Herzens ist und hat da ein gehorsames und folgsames Gemüt; und soll es nicht lesen aus Vorwitz oder Neugierde, denn da wird er finden den Tod kleben am Buchstaben, sondern der es liest, der soll es lesen als einen Wegweiser zum lebendigen Worte und danach handeln – und soll auch nicht grübeln und forschen darinnen, sondern danach also gleich leben und in der Liebe zu Gott empor-wachsen. Alsdann wird ihm zur rechten Zeit gegeben werden die Erkenntnis und wird in seinem Herzen enthüllt werden des Geistes und des ewigen Lebens himmlischer Sinn. Hi.3.54,18

Es sind Meine Worte wohl die Kraft und das Leben aus Gott Selbst, aber sie werden erst zu eurem Lebensan-teil durch euer Handeln danach. Seid darum allzeit wahre Täter und nicht nur pure Hörer des Wortes.
GEJ.8.194,11

Wer aber Mein Wort liest, der lese es aufmerksam und behalte es wohl im Herzen und tue nach seiner Kraft nach dem Worte und sei nicht bloß ein eitler Leser oder Hörer desselben, sondern ein wahrer und leben-dig warmer Täter, so wird er auch die rechten Früchte ernten, wie sie im Worte der alten und neuen Offenba-rung verheißen sind. Hi.3.266,13

Mein geschriebenes Wort in sich ist gleich Mir und ist zugleich das lebendige unendliche Reich der Himmel bei euch, unter euch und, so ihr es werktätig in eure Herzen aufnehmen wollet, lebendig in euch. GS.1.8,19

Mein Wort ist schon das Leben in sich und macht lebendig jeden, der es mit gutem Herzen vernimmt, denn es geht da sogleich das Grundleben alles Lebens ins Leben des Menschen über. GEJ.9.59,6

Wer völlig nach Meinem Worte leben wird, der wird es erst in sich zur lebendigen Überzeugung bringen, dass Meine Worte keine leeren Menschen- sondern Gottes- worte sind! GEJ.2.32,2

Wer Mein lebendiges Wort nur allein beifällig anhört, aber nicht völlig danach handelt, dem nützt es nichts. GEJ.5.167,11

Nach Meinen Worten handeln ist mehr wert als noch so viel reden und predigen. GEJ.5.167,10

Nehmet auf Mein Wort in euch, damit es zerstöre euer Weltliches und dann wahrhaft frei mache eure Liebe, welche da ist das wahre ewige Leben! HGt.1.142,9

Denket nicht, dass man nur durch ein vieles Lesen und Studieren den göttlichen Geist in sich erweckt; denn dadurch tötet man eher denselben und trägt ihn als einen Leichnam zu Grabe. Seid aber dafür tätig nach der Grundregel des Lebens, so wird euer Geist lebendig und wird in sich alles finden, was ihr sonst durch das Lesen von tausend Büchern sicher nicht gefunden hättet! Ste.8,18

Den toten Buchstaben kennet ihr wohl; aber darin ist Gott nicht, und so könnet ihr aus der Schrift auch Gott nicht erkennen! Denn die Schrift zeigt euch nur den Weg zu Gott, und das nur dann, so ihr unabweichbar auf diesem Wege wandelt.　　　　　　　GEJ.1.119,7

Niemanden werden seine durchstudierten Bücher und Schriften zu Stufen in das Himmelreich werden, sondern allein seine wahre Demut und die wahre werktätige lebendige Liebe zum Vater.　　　　　Ste.17,15

Die Liebe ist der Schlüssel, mit dem jeder alle die verschlossenen Gemächer Meines Wortes öffnen kann.　　　　　　　　　　　　　　　HGt.2.134,24

Euer Herz ist ein Acker, und die tätige Liebe ist das lebendige Samenkorn; die armen Brüder aber sind der Dünger für den Acker. Wer aus euch in den wohlgedüngten Acker viel der Samenkörner legen wird, der wird auch eine Vollernte machen.　　　GEJ.4.1,8

Nur durch Demut wird der Mensch erst Mensch und ein wahres Kind Gottes.　　　　　　　　GEJ.4.121,7

Die Demut ist das einzige, das ihr Mir geben könnt, ohne es vorher von Mir empfangen zu haben. Diese kann und darf Ich niemandem geben, sondern nur lehren und begehren.　　　　　　　HGt.2.11,12+11

Alle Welten mit ihren Herrlichkeiten werden einst vergehen und zunichte werden, aber aus den Taten der Liebe werden an ihrer Stelle unvergängliche Sonnen und Welten hervorgehen und werden wachsen und herrlicher werden in alle Ewigkeit der Ewigkeiten.

Hi.1.368,11

Der Welt Glückseligkeit ist der Seele Tod! GEJ.2.132,13

Alles kann Ich euch geben, nur allein die freie Liebe eures Herzens zu Mir, diese kann Ich niemandem geben! Und so Ich solches täte, was wäre da eure Liebe? HGt.1.142,4

Wer mit Mir reden will, der komme zu Mir, und Ich werde ihm die Antwort in sein Herz legen; jedoch die Reinen nur, deren Herz voll Demut ist, sollen den Ton Meiner Stimme vernehmen. HGt.1.1,1

Wer und was ist denn der Vater? Sehet und vernehmet: Die ewige Liebe in Gott ist der Vater! Was und wer ist denn der Sohn? Was aus dem Feuer der Liebe hervorgeht, das Licht, welches da ist die Weisheit in Gott! Wie aber Liebe und Weisheit eines ist, so sind auch der Vater und Sohn eins! GEJ.2.32,6

Jedes fröhliche Herz, das du erquickt hast in Meinem Namen, wird dir dereinst zu einem neuen Himmel voll Seligkeiten ohne Maß und Zahl werden. GEJ.2.186,8

Ihr wisset, dass ein jeglicher Same seine bestimmten Früchte trägt und jede Tat auch eine bestimmte Folge haben muss, wie jedwelche Ursache ihre bestimmte Wirkung und das alles wegen der ewigen Ordnung aus Mir Selbst.

RBl.2.165,6

Gott dienen ist leicht, aber den Menschen dienen ist schwer!

GEJ.2.164,12

Wer zwar alles verlöre in der Welt, behielte aber dessen ungeachtet Meinen Namen, der hätte immerhin noch gar nichts verloren, sondern nur alles gewonnen. Aber wer da verlöre Meinen Namen aus seinem Herzen, der hätte alles verloren.

GEJ.5.5,5

Die größte und am meisten verdienstliche Kunst im Leben ist: Allen seinen Feinden von Herzen vergeben, denen, die uns Arges wünschen, wollen und auch tun, dagegen womöglich Gutes erweisen und für die beten und sie segnen, die uns hassen und fluchen.

GEJ.8.119,4

Warum wollt ihr Zeichen? Wisset ihr denn nicht, dass die Zeichen niemand erwecken, sondern nur richten?! Ich aber kam nicht euch zum Gerichte, sondern auf dass ihr das ewige Leben empfangen sollet, so ihr an Mich glaubet in euren Herzen.

GEJ.1.14,13

Wer Meinen Willen tut, der betet wahrhaft und betet allzeit ohne Unterlass.

GEJ.6.123,7

So ein Tiefgefallener wieder völlig zurückkehrt, da sollet ihr mehr Freude haben über ihn als über neunundneunzig Gerechte, die der Umkehr nicht bedürfen!

HGt.2.26,10

Wer über etwas ein gutes und wahres Urteil schöpfen will, der muss in sich selbst gut und wahrhaft sein.

GEJ.7.87,5

Wer in Meinen Worten das Brot der Himmel isst und durch das Tun nach dem Worte den Wein des Lebens trinkt, der isst auch Mein Fleisch und trinkt Mein Blut.

GEJ.11.73,2

So jemand sucht den Menschensohn zur Nachtzeit, da er am Tage vor den Menschen dies zu tun sich scheut, der wird das, was er sucht, nicht wohl finden. GEJ.1.22,3

Es kann niemand seinem Nächsten etwas geben, dass er zuvor nicht selbst besitzt. Wer in seinem Bruder die Liebe erwecken will, der muss mit der Liebe ihm entgegenkommen, und wer in seinem Nebenmenschen die Demut erzeugen will, muss mit der Demut zu ihm kommen. GEJ.10.90,3

So die Menschen sich gegenseitig alles vergeben, wird ihnen auch von Mir alles vergeben. So sie sich aber gegenseitig ihre Schulden unter sich vorenthalten, da werde denn Ich sie ihnen auch vorenthalten! Hi.2.182,5

Wie ist der doch ein Tor, der hier um ein Stückchen Erde streitet, wo er doch eine ganze wahrhaft lebendige Erde, die für ihn ewig nimmer vergehen wird und auch ewig nimmer vergehen kann, in sich birgt und trägt.
HGt.2.86,9

Es ist leicht, gute und ehrliche Menschen zu lieben und mit ihnen umzugehen; aber zu den Sündern gehen und sie bringen auf den rechten Weg, ist ein Werk, das viel Selbstverleugnung erfordert.
GEJ.3.163,4

Wer Mir alles opfert, aber dabei dennoch vieles für sich zurückbehält, dem wird nur das wiedergegeben, was er geopfert hat.
GEJ.2.44,34

Von nun an soll von Mir nur das Geringe angesehen werden, und Ich will an der glanzlosen Einfalt Mein ewiges Wohlgefallen haben.
HGt.3.19,23

Siehe, die Meine Größe, Macht und Stärke besingen und den ewigen unendlich großen Gott preisen, die sind außer Mir und betrachten Mich ungefähr so, wie du den gestirnten Himmel. Die aber sagen: ‚Oh lieber Vater!‘, die sind bei Mir und in Mir!
RBl.1.127,8

Die Menschen der Erde werden dereinst im Geiste dennoch alle erkennen, dass es nur einen Gott, einen Herrn, einen Vater und nur ein vollkommenes Leben in Ihm gibt.
JJ.198,18

So ihr den Vater um etwas bittet, da bittet Ihn nicht so sehr um die Güter dieser Erde, sondern um die unvergänglichen Schätze für Seele und Geist, und sie werden niemandem vorenthalten werden! GEJ.9.209,9

Wer Mich hat in seinem Herzen, der hat alles; denn außer Mir gibt es ewig nirgends eine Wahrheit und ein Leben. GEJ.3.225,19

Nur der Mensch, der Meine Lehre annehmen und nach ihr leben wird, wird in sich das Licht, die Wahrheit und den wahren Lebensfrieden finden, obschon er dabei mit der Welt viele Kämpfe und Verfolgungen um Meines Namens willen zu bestehen hat. GEJ.8.163,2

Was aber beim Meere die Winde und Stürme sind, das sind beim Menschen die zugelassenen geistigen Proben und Kämpfe, die muss ein jeder Mensch auf dieser Erde mehr oder weniger bestehen und sich durch sie zum wahren Leben emporkämpfen. GEJ.8.162,10

Hättest du statt des Forschens geliebt den, der dich ewig schon geliebt hat, so wäre dein Herz nicht stumm geworden, sondern du hättest Licht und Wort in ihm. HGt.1.165,6

Ich bin immer einer und derselbe in eines jeden Menschen Herz, und wenn Millionen und Millionen ihre Herzen mit Mir erfüllt haben! GS.1.60,25

Sehet, das alles ist nun da in Mir: die Liebe, die Weisheit und alle Macht! Und somit gibt es nur einen Gott und der bin Ich. GEJ.6.230,6

Ein jeder Meiner Jünger muss gleich Mir voll Liebe, Sanftmut und Geduld gegen jedermann sein. Er muss seinen ärgsten Feind ebenso segnen wie seinen besten Freund und muss, wenn sich Gelegenheit bietet, dem Gutes tun, der ihm zuvor geschadet hat, und beten für den, der ihn verfolgt. GEJ.3.8,6

Da ist keiner, der da nicht wäre berufen von Mir! Aber doch sage Ich euch allen wieder: Es wird von all den Berufenen fürder keiner eher zu Meiner Brust gelangen, als bis er von selbst kommen wird in aller Liebe und Demut und wird dann im Herzen von Mir bekennen, dass Ich sein Vater bin! HGt.2.46,2

Nur in der wahren Demut liegt der Weg zum inneren Leben der Seele! GEJ.6.76,7

Wahrlich, wer da je des Leibes Tod finden wird in Meinem Namen und in Meinem Worte, der hat das ewige Leben mit großer Heldengewalt an sich gerissen und ist vollkommen eins mit Mir geworden! HGt.1.123,12

Wo es keinen Kampf gibt, da gibt es auch keinen Sieg, und wo keinen Sieg, da auch keine Siegesfreude, die alle Menschen als die höchste preisen! GEJ.5.143,12

Mit welchem Maße ihr eure Liebe den Armen werdet angedeihen lassen, in demselben Maße wird es euch Gott geistig allezeit und im Notfall auch naturmäßig entgelten. GEJ.7.223,7

Die größere Seligkeit einer vollendeten Seele besteht darin, dass sie mit der wahrhaft göttlichen Schöpferkraft ausgerüstet und versehen ist und aus gottähnlicher Weisheit alles bewirken kann, was Gott selbst bewirkt. GEJ.7.67,2

Wen die Sünde fein demütig macht, der ist durch die Sünde als ein Engel nur auf einen Augenblick zur Hölle gestiegen, um daselbst Ruhe und Ordnung zu schaffen, sowie er aber zurückgekehrt ist, so ekelt es ihn davor, und seine Seele ist rein wie zuvor. GEJ.2.209,6

Lasset den Ärger von eurer Seele, denn dieser verunreinigt den Menschen im Herzen, und das ist vom Übel.
GEJ.8.124,9

O Gott! Du allmächtiger Herr Israels, der Du regierest und herrschest von Ewigkeit! In aller, aller Fülle der Wahrheit ist hier Israel ein König der Könige geboren, welcher mächtiger sein wird denn da war David, der Mann nach dem Herzen Gottes! JJ.7,13

Ich bin von Ewigkeit die Wahrheit, das Licht, der Weg und das Leben selbst! GEJ.3.225,18

Alles, was die Unendlichkeit fasset, ist allein des Menschen wegen da, und es gibt ewig nichts, das nicht da wäre des Menschen wegen.   GEJ.2.6,5

Es kann niemand aus der eigenen Liebe heraus Gott lieben, weil Gott die Fülle des Lebens ist. So aber jemand durch seine Liebe seine Brüder und Schwestern lebendig in sich aufgenommen hat, der hat dadurch seine eigene Lebenssphäre erweitert, damit er dann in Fülle des göttlichen Lebens diese aufnehmen kann.

NS.42,20

Wie du dein Leben nicht lebst in einem fremden Leibe, sondern in deinem eigenen, so musst du auch Mir in dir zu leben beginnen und Mich in dir suchen! Da wirst du Mich sicher finden! Denn für dich lebe Ich nur in dir!   Hi.1.408,5

Schätze dich im Glücke der Welt nie als zu glücklich, sondern halte die Welt samt ihrem Glücke für einen Schauplatz des Truges, so wirst du in der rechten Weisheit das Leben der Welt genießen!   JJ.111,7

Sehet, alles, was ihr euch nur immer gedacht und geträumt habt, jetzt denket und träumet und noch in Zukunft denken und träumen werdet, geht ewig nicht verloren. So wie es in euch vorging geradeso werdet ihr es einst getreu wesenhaft wieder finden und es also gleich als das Eurige erkennen und euch daran erfreuen oder betrüben.   Hi.2.53,4

Der Vater oder die Liebe ist das Grundleben alles Lebens; wer nicht zu diesem lebendigen Urborn alles Lebens zurückkommt, der bleibt tot und kann nirgends woanders ein Leben überkommen. Ste.4,4

Kennet ihr denn den Hauptschlüssel noch nicht, mit welchem allein alle Geheimnisse der Himmel allezeit vollgültig bis in den tiefsten Grund können erschlossen werden? Dieser Hauptschlüssel ist und heißet die Liebe, d.h. die wahre reine Liebe eures Herzens zu Mir, wie vorzugsweise Meine unendliche zu euch! Hi.2.60,4

Alles lag und liegt an eurer Liebe! Ändert diese nach der euch bekannten Ordnung Jehovas, und ihr werdet eure eigenen Erlöser sein; aber außer euch kann euch niemand in der ganzen Unendlichkeit Gottes erlösen! Das Leben ist euer, und die Liebe ist euer; könnet ihr eure Liebe ändern, so wird diese dann auch euer ganzes Leben und Sein umgestalten! GEJ.4.132,09

Wo mächtig für den Außenreiz gesorgt wird, da denkt kein Mensch an eine Entbehrung und noch viel weniger an eine Selbstverleugnung, durch die allein der unsterbliche Geist geweckt und mit seinem Schöpfer wieder vereint werden kann. BM.156,6

Wer in der Wahrheit bleiben und leben wird, der wird wahrhaft frei sein und in sich das ewige Leben haben, das nie durch irgendein Scheinmittel, sondern allein nur durch die reinste und gediegenste Wahrheit zu erreichen ist. GEJ.6.39,7

Der Weg, der zum Leben des Geistes führt, ist ein dorniger und schmaler! Das will so viel sagen als: Alles was dir in diesem Leben von Seiten der Menschen auch immer Ärgerliches, Bitteres und Unangenehmes begegnen kann, das bekämpfe du mit aller Geduld und Sanftmut, und wer dir Übles tut, dem tue nicht wieder dasselbe zurück, sondern das Gegenteil, so wirst du glühende Kohlen über seinem Haupte sammeln! Wer dich schlägt, dem vergelte nicht Gleiches mit Gleichem, nimm lieber noch einen Schlag von ihm, auf dass Friede und Einigkeit zwischen euch sei und bleibe; denn nur im Frieden gedeiht das Herz und des Geistes Wachstum in der Seele.

GEJ.4.78,5

Der Geist aber, der inwendig im Menschen ist, der allein sieht und weiß um alles, was im Menschen ist. Darum bestrebe sich ein jeder der wahren Wiedergeburt des Geistes; denn ohne die kann niemand in das Reich Gottes eingehen.

GEJ.6.158,12

Die Not des Lebens aber ist ein Gefäß des Lebens, in welchem dieses gefestet wird gleich einem Diamanten. Daher nehme jeder das Kreuz auf seine Schulter und folge Mir in aller Liebe nach, so wird er sein Leben erhalten ewig.

Hi.1.335,2

Wer Mich leugnet in seiner Blindheit, ist Mir um tausend Male lieber denn derjenige, der Mich in der Lauheit seines Herzens halbwegs bekennt, aber es kaum der Mühe wert hält, sich etwa mit seinem Bruder von Mir zu besprechen.

HGt.2.160,9

Das Gebet einer mit wahrer Liebe und Erbarmung erfüllten Seele im vollen Liebevertrauen auf Mich hat eine gute Wirkung auf wahrlich arme Seelen im Jenseits. GEJ.8.38,1

Seid äußerlich mit allen alles, was sie sind, um sie euch alle zutraulich zu machen und zu gewinnen für Mein Reich. Lacht mit den Lachenden, und weinet mit den Weinenden, seid schwach und voll Geduld mit den Schwachen und zeiget dem Starken, dass auch ihr stark seid, auf dass ihn das Bewusstsein seiner Stärke nicht aufblähe und hochmütig mache! GEJ.5.139,6

Alles Menschliche wäre kein Menschliches, wenn es nicht von Ewigkeit zuvor Göttliches gewesen wäre! GEJ.2.38,3

Sei allezeit heiter in deiner Dürftigkeit! Denn je geringeren Anteil jemand hat an der Welt und ihren toten Götzen, desto mehr ist er bei Mir und desto mehr hat er in Mir seinen ewigen, unvergänglichen Anteil. Hi.1.409,8

Wie eines Menschen Herz beschaffen ist, also bin auch Ich beschaffen für ihn; und Ich will ewig nicht anders für den Menschen Mich gestalten, als wie er Mich gestaltet hat in sich! HGt.2.259,9

Geduld ist besser als das allerbeste Recht. GEJ.3.71,11

Nur wenige geben sich die Mühe und bilden in ihren Herzen Mich als den heiligen und ewig allezeit liebevollsten Vater aus.
HGt.2.259,14

Du wirst dich dem allerheiligsten und allerliebevollsten Vater nicht eher nähern können, als bis du dich werdest völlig beschaut haben in deinem Herzen.
HGt.2.57,9

So jemand mit seinem Leibe sündigt, da verunreinigt er nicht nur den Leib, sondern auch seine Seele und durch sie auch seinen Geist.
GEJ.1.16,4

Alles kann Ich dem Menschen tun, und er bleibt Mensch; aber das Herz ist sein eigen, das er vollkommen selbst bearbeiten muss, so er das ewige Leben sich selbst bereiten will.
GEJ.2.75,7

Es ist euch besser, ein Unrecht zu erdulden, als jemandem auch nur ein Scheinunrecht zuzufügen.
GEJ.1.80,2

Du kannst dir nichts Ärgeres antun, als so du dich selbst lobest und eine rechte Freude an deiner eigenen Vortrefflichkeit hast. Denn dadurch versetzest du dir selbst einen barsten Todesstoß in dein eigenes Herz.
RBl.1.37,3

Das Gemüt aber wird gebildet durch die wahre Liebe und durch die Sanftmut und Geduld.
GEJ.4.220,11

Willst du vollkommen werden, so musst du dich entdecken, und es darf kein Hehl in deiner Seele sein; erst
wenn alles Unordentliche aus dir heraus ist, kannst du
an der Vollendung zu arbeiten anfangen. GEJ.4.63,10

Meiner Zeichen wegen wird kein Mensch selig werden,
wohl aber ein jeder, der an Mich glaubt und nach Meiner Lehre lebt und handelt. GEJ.9.149,10

Also ist Mir auch angenehmer einer, der sein eigenes
Herz zu Mir erhebt, als einer, der durch sein Wort und
durch seine Feuerreden Tausende zu Mir gewendet
hat, bei sich selbst aber ein kaltes Opfer geblieben ist,
unter dem kein Feuer der Liebe lodert, sondern allein
kalte Weisheit. HGt.1.14,13

Wer vieles mit Liebe und Freude gibt, dem wird auch
überaus vieles wiedergegeben werden. GEJ.3.192,13

Was du im Herzen vernimmst, das ist schon dein Eigentum; was du aber von außen her vernimmst, das
musst du dir erst zu eigen machen durch die Tat nach
dem vernommenen Worte. GEJ.2.39,6

Wer aber den Ton Meiner Stimme im eigenen Herzen
nicht wenigstens einmal in diesem Erdenscheinleben
wird vernommen haben, bei dem hat sich das Leben
noch nicht eingefunden, und er schwankt noch sehr
zwischen Leben und Tod. HGt.2.77,4

Die Liebe ist euer Leben. Wollt ihr euer Leben durchschauen, so durchschauet eure Liebe, denn es ist eines und dasselbe: euer Leben oder eure Liebe. Was eure Liebe erfasst hat, dasselbe wird auch euer Leben erfassen!

Nz.38

Der Mensch wird nicht allein von dem weise, was er hört und sogleich ganz vollkommen versteht, sondern zumeist von dem, was er zwar auch hört, aber nicht versteht!

GEJ.5.115,6

Ich will Meine Lehre aber also stellen, dass durchs bloße Lesen oder Hören des Evangeliums niemand auf den Grund der lebendigen Wahrheit gelangen soll, sondern allein nur durchs Handeln nach Meiner Lehre.

GEJ.1.113,13

Nichts in der Welt ist schlecht als allein der Mensch, wenn er sich in seinem Herzen abwendet vom Herrn; ist aber der Mensch alsogestaltig arg und schlecht, dann ist für ihn auch die ganze Welt schlecht und arg. Bist du rein in deinem Herzen, so wird für dich alles rein sein, d.h., du wirst da alles in der Wahrheit erschauen; ist dein Herz aber unlauter, so wird auch alles also sein vor dir, wie da ist dein Herz.

HGt.2.248,12

Glaubst du an einen Gott im Herzen, so wirst du Ihn auch lieben, weil im Herzen alles mit der Liebe durchdrungen wird. Liebst du aber Gott, so ist Gottes höchste Kraft in dein Herz selbst eingedrungen.

GEJ.5.178,3

Wahrhaft göttlich großen Geistes ist nur derjenige, der sich unter alle menschliche Kreatur herabzuwürdigen vermag!

GEJ.2.76,4

Solange jemand bei all seinem Tun und Lassen seine Schritte nicht in gerader Linie zu Mir hin richtet, ist all sein Tun und Gehen und Stehen ein vergebliches für sein Leben.

GEJ.1.215,12

Ruhe, die wahre, innere Gemütsruhe ist für jeden Menschen das notwendigste geistige Element, ohne dass er nichts wahrhaft Inneres und geistig Großes zu fassen vermag.

GEJ.5.218,1

Ohne die wahre, innere Demut seines Herzens kann Mich niemand wahrhaft liebend in seinem Herzen erfassen und dadurch dann leben ein vollkommenes, ewiges Liebeleben aus Mir.

HGt.2.12,14

So muss ein jeder Mensch und Engel zum Dienen sich bequemen und am Ende eben im ewigen, stets mehr und ausgebreiteteren Dienen die größte Wonne und Seligkeit finden.

GEJ.4.95,2

Jeder bekümmere sich vor allem nur um das, was da ist des Geistes, so wird er auch ehestens das erhalten, was da ist des Geistes, nämlich die volle Gottähnlichkeit!

GEJ.3.3,7

Wer da über Gott und Seine Werke reden will und will seinen Bruder darinnen unterrichten, der muss zuvor von Gott es gelernt haben!

HGt.2.243,10

Der vergangene und der zukünftige Christus wird euch wenig nützen, so ihr nicht den gegenwärtigen lebendig in euren Herzen traget!

Hi.2.266,8

Wer schweigt und horcht, der sammelt beständig, wer aber selbst redet, der zerstreut und kommt nie zu einem rechten Reichtume.

GEJ.3.217,6

Solange der Mensch nicht völlig Herr seiner Gedanken ist, wird er auch nicht Herr seiner Leidenschaften und der daraus hervorgehenden Taten sein. Wer aber nicht Herr und Meister in und über sich ist, der ist noch fern vom Reiche Gottes und bleibt ein Knecht der Sünde, die aus seinen unordentlichen Gedanken und daraus hervorgehenden Begierden geboren wird und den ganzen Menschen verunreinigt.

GEJ.7.37,6

Was soll, ja was kann aus einem Menschen werden, wenn er nicht schon frühzeitig lernt, seine Gedanken zu prüfen, zu ordnen und alles Unreine, Böse und Falsche aus ihnen zu scheiden? Ich sage dir, solch ein Mensch würde schlechter und böser werden denn ein reißendes Tier! In der guten und weisen Ordnung der Gedanken liegt ja der ganze Lebenswert eines Menschen begründet.

GEJ.7.36,3

Nur in einer stets sich mehrenden, wahren Liebtätigkeit besteht das wahre Himmelreich und dessen wachsende Seligkeit. GEJ.5.259,2

Wer Gott und den Nächsten eines andern Motives wegen als Gott um Gottes und den Nächsten um des Nächsten willen liebt, der kommt nicht zur völligen Wiedergeburt. GEJ.5.160,5

Nur mit Mir, d.h. im steten Vereine mit Meinem Geiste und Willen, werdet ihr alles zu bewirken imstande sein, ohne den aber nichts; denn der Herr bin Ich und werde es ewig bleiben. GEJ.5.217,6

Wer das Schlechte nur der schlechten Folgen wegen meidet und das Gute tut der guten Folgen wegen, der ist noch ferne dem Reiche Gottes. Nur der, welcher das Gute eben darum tut, weil es gut ist, und das Schlechte meidet, des Schlechten selbst wegen, ist ein vollkommener Mensch. GEJ.2.207,12

Ist es, so jemand der eigenen Seligkeit zuliebe der Geringste sein will, nicht eben dasselbe im Geheimen, als wenn jemand aus demselben Grunde sein möchte der Höchste unter allen seinen Brüdern?! HGt.1.147,25

Sei fröhlich und heiter und freue dich der Gnade Gottes; alles andere überlasse ganz Ihm. GEJ.1.77,12

Es gibt nirgends einen Ort, der Himmel oder Hölle heißt, sondern das ist ein jeder Mensch selbst; und niemand wird je in einen andern Himmel oder eine andere Hölle gelangen, als die er in sich trägt. GS.2.118,12

Wer bei was immer sieht, dass damit auch die Liebe seines Nächsten beschäftigt ist, der soll sich sogleich zurückziehen und seinem Nächsten gegen die Verwirklichung seiner Liebe keine Schranken setzen; denn es ist besser, bei jeder Gelegenheit in der Welt leer auszugehen, als durch irgendeinen wenn auch ganz unbedeutenden Kampf etwas zu gewinnen. GS.2.118,8

Also musst du fürder nicht ohne Mich ausgehen, willst du der Welt nützen! HGt.2.254,10

Wer sich zuvor nicht selbst erkennt, wie soll er jemand andern und endlich gar Gott erkennen?! GEJ.1.220,5

Wenn der Mensch wüsste, wie nahe er oft dem höchsten Glücke ist, so würde er alles verlassen und diesem nachgehen. HGt.1.162,11

Wäre nicht licht und sonnenhaft dein Auge, möchte es wohl je gewahren die Sonne und ihr Licht?! Also auch, wenn in dir nicht wäre Gottes Kraft, möchtest du je etwas Göttliches begreifen?! Da du aber solches kannst, so ist ja Gottes Kraft auch in dir. HGt.1.151,31

Es wird oft so manchem gar nicht vieles fehlen von der vollen Besitznahme des Gottesreiches in seiner Seele, und dennoch wird er es nicht einnehmen, weil er sich zu wenig prüft und nicht darauf achtet, was etwa noch Irdisches an seiner Seele klebt. GEJ.5.125,4

Sehet also vor allem zu, vollkommen Herren über euch selbst zu werden, so werdet ihr auch Herren sein über alle Gesetze. GEJ.5.133,9

Gott ist in sich die reinste und höchst endlos mächtigste Liebe und kann darum nur durch die Liebe gefunden werden! GEJ.3.110,11

Versuche es einmal in deinem Herzen, Mich um was immer zu fragen, und Ich werde dir die Antwort klar, deutlich und wohlvernehmlich in dein Mich wahrlich über alles liebendes Herz legen! GEJ.2.62,14

Solange du noch auch nur mit einem allerkleinsten Fünkchen eigener Weisheit prunken möchtest, kannst du nicht in Meine Weisheit eingehen. GEJ.3.66,7

Wenn der Lüge auch eine noch so gute Folge zuteilwird und der Wahrheit eine wenigstens scheinbar üble, d.h. was die Menschen mit ihrem Weltverstande übel nennen, so ist die Wahrheit der Lüge dennoch vorzuziehen; denn die Endwirkung der Lüge wird stets für bleibend eine schlechte und die Endwirkung der Wahrheit eine gute werden. GEJ.5.140,4

Nichts ist dem Herrn angenehmer, als so wir unsere Feinde mit Liebe behandeln und sorgen für ihr zeitliches und ewiges Wohl. Betrachten wir jeden Sünder als einen irrenden Bruder, so wird uns auch Gott als Seine irrenden Kinder betrachten.   JJ.62,5

Wer da irgend belastet ist mit einer für seine Kraft zu großen Lebensbürde, der komme im Herzen zu Mir, und Ich werde ihn stärken und erquicken! Denn Ich gebe darum manchem eine größere Bürde zu tragen, auf dass er fühle seine Schwäche und dann im Herzen zu Mir käme und Mich bäte um hinreichende Kraft zur leichteren Ertragung seiner größeren Lebensbürde; und Ich werde ihn stärken in jeglicher Not seines Lebens und ihm ein rechtes Licht geben, zu durchwandeln die finsteren Wege des Lebens dieser Welt. Wer aber diese zu große Bürde wohl fühlt, aber nicht zu Mir kommt im Herzen, der muss sich's selbst zuschreiben, so er erliegt unter der zu großen Last des Erdenlebens.

GEJ.5.169,4

Wer da über einen dummen Menschen lacht, der zeigt, dass er dazu selbst die beste Anlage hat, denn der eine handelt aus seiner Dummheit heraus und der andere lacht aus seiner Dummheit heraus.   GEJ.1.107,7

Nur mit der Geduld kann man endlich die ganze Welt in sich und außer sich besiegen.   GEJ.5.180,7

Was ein Mensch nicht ganz aus Liebe tuet, das hat für sein Leben wenig wert.   GEJ.3.48,2

Widmet Mir an Stelle eurer gewissen Weltgedanken und an Stelle eurer so manchen Welterheiterungen nur eine volle Stunde am Tage; heiliget sie dazu, dass ihr euch in derselben mit nichts als nur mit Mir in eurem Herzen abgebet! Ste.5,15

Wer nicht selbst ganz durch und durch geistig lebendig ist, der kann dem andern nicht das volle ewige Leben sichern. GEJ.5.242,7

Alles auf der Erde und in der Erde kann sein voll Segens, aber auch gleichzeitig voll Fluches, je nachdem es ein Mensch entweder weise oder dumm gebraucht! DT.11,51

Ich bin die Heilige Schrift, lebendig und Leben gebend, Ich bin der beste Ausleger derselben und bin zugleich der allertiefste Mystiker! Daher leset wenig, aber handelt danach, dann wird euch alles werden. Hi.3.55,20

Wer aber aus Gott lebt, der redet auch aus Gott; und so mag wohl jeder, der aus Gott lebt, auch aus Gott Worte Gottes, Worte des Lebens verkünden! HGt.3.9,18

Kannst du mit einem Worte deinem Bruder keinen Nutzen schaffen, da lasse bleiben die Zunge in ihrer Ruhe und rühre sie erst dann, wenn du dadurch nützlich werden kannst deinem Bruder! HGt.1.147,14

Denket, dass ohne Meine Zulassung nichts geschieht und ewig nichts geschehen kann, so wird euch augenblicklich alles ganz anders vorkommen! Hi.3.53,13

Ja, also ist es bei den Menschen: Die da viel empfangen, sind undankbarer als jene, die da wenig empfangen.
HGt.3.11,2

Der Glaube kann auch durch die Lesung rechter Bücher erreicht werden; aber die Liebe kommt nur aus dem Herzen. Daher fraget auch ihr mehr euer Herz als die Bücher, wie dieses gegen Mich beschaffen ist. Ste.22,13

Lachet auch nicht zu gewaltig über so manche Dummheit der Schwachen; denn auch in einem solchen Lachen liegt der eigene Hochmut versteckt und erbittert das Herz des Ausgelachten oft mehr als eine ganz ernste Rüge. Hi.3.490,94

Es sollen sich die Menschen im wahren Beten allezeit üben und darin nicht lass werden; denn ein rechtes und festes Vertrauen wird dem Menschen auch durch eine rechte Übung eigen, die noch stets dem Jünger zur Meisterschaft verholfen hat. GEJ.9.87,4

Eine demütige Seele findet sich bald in allem zurecht, und weil sie Mir am nächsten ist, so hat sie auch allezeit die allersicherste und allerbeste Hilfe bei der Hand. EM.63,28

Wo keine Liebe ist, da ist auch kein Himmel. GEJ.3.187,18

Wer nicht vollkommen ein Täter Meiner Lehre wird, sondern bloß nur ein Hörer und dann und wanniger Bewunderer und Lobpreiser derselben verbleibt, der bekommt Meinen Geist nicht, und Meine ganze Lehre nützt ihm also im Grunde wenig oder nichts. GEJ.5.121,4

Wann immer ihr Mich werdet lieben wollen, euer Herz aber wird nicht stark genug sein, Mich mit flammender Liebe zu erfassen, sondern wird sich müssen allein mit den trockenen Gedanken von Mir sich beschäftigend begnügen, so denket, es fehlt euch an der wahren Demut; denn sie ist das eigentlichste Grundfundament alles Lebens. HGt.2.12,15

Wie demnach die Werke einer Seele hier beschaffen sein werden, so werden sie ihr dereinst als Wohngegenden dienen. Und darin besteht die wahre Auferstehung des Fleisches! GEJ.10.9,13

Murret auch ihr nicht in eurer Sicherheit über das, was nun geschieht; denn so ohne Meinen Willen kein Sperling vom Dache fällt und sogar alle Haare eures Hauptes gezählt sind, so sollen nun diese Dinge geschehen können, so ganz ohne Meinen Willen?! Hi.3.449,8

Das Mir angenehmste Opfer aber ist ein reumütiges, zerknirschtes, Mich suchendes und über alles liebendes Herz! HGt.1.143,3

Nur ein rein uneigennütziger Dienst ist auch ein wahrer und somit auch ein rein himmlischer Dienst und hat vor Mir und vor allen Meinen Himmeln allein einen wahren und vollkommenen Wert. GEJ.4.99,5

Wenn du in deinem Herzen in der Ordnung bist, dann bist du es auch mit Gott. RBl.1.142,20

Keiner dränge dem andern ein Wort auf, sondern wer etwas erfahren möchte, der wende sich an einen, der da ist wohlverständigen Herzens, d.h. eines Herzens, das da allzeit in sich vernimmt die Stimme der ewigen Liebe und wohl versteht das Wort des Lebens aus Gott zur Zeit der nötigen Mitteilung. HGt.1.98,7

Wer da forscht und grübelt ohne Meine Gnade, der geht allezeit fehl. Wer aber zu Mir kommt und lernt es von Mir in seinem Herzen, der hat es in der Fülle der Wahrheit, daran nie auch nur ein Häkchen geändert wird in alle Ewigkeit. Hi.1.100,3

Es gibt recht viele, die wirklich den Herrn sehen und sprechen oft viele Tage und manchmal sogar Jahre lang, aber weil ihr Herz noch blind ist, so erkennen sie Ihn nicht. RBl.2.276,9

Wahrlich Ich sage dir: Der geringste Dienst der Nächstenliebe wird auf das ungeheuerste, unaussprechlichste belohnt werden. HGt.1.3,1

Denket aber ja nie an einen Himmel als einen Beloh-
nungsort für die guten Werke, die der Mensch auf der
Erde vollbracht hat; sondern denket, dass der Himmel
in nichts anderem besteht als in eurer eigenen Liebe
zum Herrn! GS.1.32,9

So ihr Mich wahrhaft liebet, sollet ihr gar nichts fürchten, und würde die Erde auch unter euren Füßen zer-
bröckelt werden! Wahrlich sage Ich euch: Auch auf den
dampfenden Trümmern einer zerstörten Welt würdet
ihr erfahren, dass Ich die Ewige Liebe bin und ein wahrer, einzig guter Vater denen, die Mich im Geiste und
in der Wahrheit der Liebe ihres Herzens erkannt haben. Hi.1.139,30

Das Gute bedarf weder, dass man es heraushebe, noch
dass man es lobe, denn es hebt sich von selbst hervor
und lobt sich von selbst. EM.57,7

Euer Inneres sei auch euer Äußeres, damit keine falsche Regung in euch entstehe und ihr zugrunde gehet.
HGt.1.5,12

Das Reich Gottes aber kann nur von denen in Besitz
genommen werden, die sich bis in die letzte und
kleinste Lebensfiber herab gedemütigt haben. RBl.2.211,6

Seid von ganzem Herzen sanftmütig und demütig.
GEJ.5.269,7

Wie schwer wird es dem sein, der viel hat, sich einst davon zu trennen, und wie leicht wird sich der trennen von der Welt, der aus ihrem giftigen Schoße keine Güter besaß und zudem noch allenthalben um Meines Namens willen Verfolgung erlitt. Der verachtet die Welt, und es wird ihm um sie sicher nicht leid sein.

GEJ.1.201,2

Lernet es von der Natur, so euer Herz stumm geworden ist gegen die so laute Stimme Gottes!   HGt.1.35,23

Wer andere bessern will, der bessere zuerst sich und lebe gerecht, so werden die anderen ihm nachfolgen, wenn sie den Vorteil ersehen werden.   EM.63,27

Euer Äußeres sei der getreue Widerschein eures inneren Spiegels, in welchem sich die Liebe der Gottheit beschaut; sonst wird der innere Spiegel zerbrochen werden und eure Gestalt wird schrecklich werden.   HGt.1.5,12

Tuet Liebe jedermann ohne Unterschied und helfet nach Vermögen jedem, der eurer Hilfe bedarf, so werden eure Werke vollkommen sein und ihr in euren Werken wie Ich, euer liebevollster Vater im Himmel, vollkommen bin.   Hi.1.368,12

Wer den Herrn erkannt hat und Ihn nicht sucht, den wird auch der Herr nicht suchen mit Seiner Gnade!

GEJ.8.10,6

Wo du mit der Liebe zu Mir dich immer hinbegeben wirst, da werde Ich bei dir sein, da deine Liebe zu Mir Ich selbst bin. Und Ich bin überall da gegenwärtig, wo die wahre und reine Liebe in irgendeinem Herzen zu Mir in gerechter Fülle gegenwärtig ist. RBl.2.191,3

Wie ist wohl die Liebe desjenigen beschaffen, der ein allfälliges von ihm erkanntes Gutes entweder eines gleich erfolgbaren oder eines künftigen Lohnes wegen tut? Ist das nicht Eigenliebe? GS.1.30,17

Darum ihr aber schon sorgen wollet, da sorget sorglos zu werden und dass eure Herzen rein und stets voller und voller von der wahren inneren Liebe zu Mir werden möchten, denn darin besteht allein das ewige, unzerstörbare Leben, dass ihr Mich allzeit erkennet und über alles liebet! HGt.2.7,23

Der Mensch bedarf zum Leben auf dieser Erde gar nicht viel. Aber des Menschen Hoffart, seine Trägheit, sein Hochmut, seine Selbstsucht und Herrschsucht brauchen unbeschreibbar vieles und sind dennoch nie zu befriedigen. GEJ.3.10,3

Als Gott habe Ich keine Kinder als das alleinige, ewige Wort in Mir, welches ist der alleinige Sohn, an dem Ich Wohlgefallen habe. Aber im Sohne bin Ich auch euer Vater und habe Wohlgefallen an euch, so ihr diesen Meinen lieben Sohn in euch aufgenommen habt und somit auch Meine Heiligung durch Ihn! Hi.1.25,1

Wer das Gute und Rechte tut was immer für eines eigenen Nutzens wegen, der liebt sich selbst über die Maßen und bietet alles auf, um sich selbst möglichst wohl zu versorgen.

GS.1.30,17

So lange du dich sorgen wirst, so lange auch wird Gott nichts tun für dich! Wie du aber alle deine Sorge auf Ihn legest, und dich um nichts anderes kümmerst und sorgest, als darnach nur, eben diesen wahren Gott stets mehr zu erkennen und stets mehr zu lieben, da wird dann Er dir in allem zu helfen anfangen, und alles, was du heute noch krumm ersiehest, wird morgen gerade vor dir stehen. Also kannst du darob ganz ohne Sorge sein, der Herr Himmels und der Erde wird das Beste machen für dich und fürs ganze Volk!

JJ.85,7

Wer aber da vor allem des Geistes Kräfte übt, der erbaut in sich das Reich Gottes, und das ist im Menschen dann das wahre, ewige Leben, Gott, dem Schöpfer, verwandt und in allen Eigenschaften ähnlich.

GEJ.6.95,7

Du kannst nicht irgendwohin in einen Himmel kommen, sondern du musst dir deinen Himmel selbst bereiten.

GS.2.57,9

Wer wahrhaft sein will der Letzte und der Geringste, der ist bei Mir der Größte; denn nichts als die wahre Demut macht euch wahrhaft groß vor Mir!

HGt.2.11,6

Der Lebendige antwortet nicht den Toten, sondern nur denen, die da sind lebendigen Herzens.   HGt.1.117,22

Wo sich da irgend wahre Freunde des Herrn über das besprechen, was des Geistes der ewigen Liebe und Wahrheit ist, da sind auch stets die Engel des Herrn scharenweise um sie versammelt.   GEJ.9.197,8

Sorget euch um alles der Welt gar nicht, sondern lasset in allem Mich sorgen; denn ihr könnet mit allen euren Sorgen auch nicht ein Stäubchen zuwege bringen.
  HGt.2.7,22

Die Liebe ist der Grund von allen Dingen,
Dies alte Wort muss überall erklingen,
Dies Wort, der Grund von jeder heil'gen Lehre,
Ist auch der Grund von aller Welten Schwere!
Denn aller Schöpfung Last und reges Leben
Ist in die Tiefe dieses Worts gegeben.   PuG.124

Wollet ihr den Menschen wahrhaft helfen, so lehret sie vor allem, wie sie sich selbst zu helfen haben; denn ohne eine ernst vorangehende Selbsthilfe ist auch keine Hilfe von Gott aus möglich.   GEJ.8.194,8

Seid heiter und fröhlich in eurem Herzen! Denn Ich bin bei euch und freue Mich mit euch, so ihr Freude an Mir habt.   Hi.1.43,7

Forschet nicht und sorget nicht für den Verstand, sondern liebet Gott, unser aller liebevollsten heiligen Vater aus allen euren Kräften über alles, so werdet ihr in einem Augenblicke mehr empfangen, als euer Verstand in seiner größten Schärfe höchst unvollkommen in Jahrtausenden enträtseln möchte! HGt.1.90,12

Seht, die Natur oder die Welt an und für sich ist ein großes Buch voll beschrieben von der Tiefe Meiner Weisheit und Liebe! Wer diese recht erfassen will, der muss sich aus Liebe zu Mir schon manchmal gefallen lassen, ein wenig in diesem Buche herumzublättern freilich aber nur so viel, als Ich aus Liebe es anrate. Hi.1.126,26

Wie der gute und nach dem Willen Gottes tugendhafte und fromme Mensch den Himmel als das Reich Gottes in sich trägt unverwüstbar, so trägt auch der entschiedene Gegner der Ordnung Gottes die Hölle unverwüstbar in sich; denn sie ist ja seine Liebe und sein unbeugsamer Wille und somit auch sein Leben.

GEJ.10.114,6

Außer Mir gibt es ja nirgends ein Leben, und das aus dem einfachen Grunde, weil es ewig nirgends ein „außer Mir" gibt! Ich bin die Nährquelle für alles Leben.

GS.2.126,20

Der geringste Dienst der Nächstenliebe wird auf das ungeheuerste, unaussprechlichste belohnt werden!

HGt.1.3,1

Lieber Jesus, allzeit mein,
Lass mich Deines Herzens sein,
Lass mich Deiner Lieb' mich freu'n,
Nur Du Liebe nenn' mich Dein!
Sieh', o holder Jesus, mich,
Sieh', wie heiß ich liebe Dich
So von Herzen inniglich
Jetzt und fürder ewiglich!   PuG.64

Oh, was sind alle Freuden und Seligkeiten Meiner Himmel für Mich, den Vater, gegen die, von Meinen lieben Kindern als einziger, wahrer Vater geliebt zu sein!
HGt.1.3,10

Sei auch du allzeit sanftmütig, gelassen und geduldig gegen jedermann, so wirst du die Herzen um dich versammeln und des Lebens Segen streuen über sie!
HGt.1.143,25

Wie einer glaubt, so wird er schauen, und wie er liebt, so wird er leben.   Hi.1.201,29

Des Guten hat der Mensch nie zu viel; wohl aber des Schlechten. Denn viel Gutes mag oft das Schlechte nicht bessern; aber ein wenig Schlechtes kann oft viel Gutes verderben!   GS.2.126,2

Ich, euer Vater, sehe, was jedem vorderhand nottut, und gebe jedem so viel, als er leicht ertragen kann.
Hi.1.61,3

Die wahre Nächstenliebe im Herzen eines Menschen ist das einzige, wahrhaft geistige Lebenselement, durch das alle Sinnenwelt und auch alle Himmel in der Bestandsordnung erhalten werden. So ein Mensch die wahre Nächstenliebe hat und übt, so lebt er dadurch auch in der rechten Ordnung Gottes und gründet in sich das ewige Leben seiner Seele. GEJ.10.146,11

Du kannst denken, was du willst, so kannst du dadurch nicht sündigen, so dein Herz an einem unordentlichen Gedanken kein Wohlgefallen findet. Findest du aber an einen schlechten Gedanken ein Wohlgefallen, so verbindest du auch schon deinen Willen mit diesen und bist nicht ferne davon, solchen Gedanken in die Tat übergehen zu lassen. GEJ.7.36,2

Wer da nach seinem Vermögen den armen und bedrängten Nebenmenschen allzeit Barmherzigkeit und Liebe in aller Freundlichkeit erweist, der wird auch bei Mir Erbarmung, Liebe und Freundlichkeit finden.
GEJ.9.36,7

Wirklichkeit, Wahrheit und Leben sind inwendig im Menschen nur, allwo sie auch nur allein zu suchen und also zu finden sind; alles aber, was von außen eingeht in den Menschen, ist Schein nur aber kein Sein, und ist tödlicher Natur. HGt.1.117,10

So wisse denn auch, dass Ich auch dir gegenüber stets so handeln werde, wie du in Meinem Namen gegen deine Mitbrüder handeln wirst. GEJ.9.110,10

Was nützt euch dieses euer äußeres Leben, so ihr mit ihm nicht den inneren Geist wach, frei und mächtig zu machen verstehet und vermöget?! Ein Mensch wird erst dann ein Mensch, wenn er sich selbst in seinem Geiste gefunden hat; das aber geht bei eurer Lebensweise ewig nicht, weil ihr euch damit von dem Ziele, ein wahrer Mensch zu werden, nur stets mehr entfernt, als dass ihr euch demselben irgend nähern könntet. GEJ.7.89,3

Jede Kraft, die da in was immer oder wo immer oder wie immer wirkt, ist aus Gott, als dem Urquell aller Mächte und Kräfte. HGt.1.151,26

Was der Mensch mit dem Verstande in hundert Jahren bei aller Mühe kaum erreicht, das gibt dir die rechte Liebe in einer Sekunde. Denn die Liebe bin Ich Selbst im Menschen! Je vollkommener seine Liebe wird, desto entfalteter auch Mein Ebenbild in ihm. RBl.2.245,4

So ihr aber Kinder eines allmächtigen Vaters seid und habt den Lebenskeim des Vaters in euch, so kräftiget diesen Keim im guten Erdreiche Meines Willens und machet stark den Vater in euch, so werdet auch ihr dadurch gleichen Maßes im Vater stark werden. GS.2.126,24

Eine rechte und reine Musik kann der Seele sehr behilflich sein zur vollen Einigung mit ihrem Geiste. Daher lernet und lehret auch die reine Musik, wie sie dereinst David betrieb! GEJ.4.233,14

Wer da lehrt seine Mitmenschen, der lehre sie nicht nur weise und feingefügte Worte, sondern er lehre sie vielmehr durch seine Taten und Werke, so wird er seine Mitmenschen zur wahren und lebendigen Befolgung bewegen! GEJ.8.194,2

Was weilt ihr am Wege?
So müßig und träge
zur Arbeit und Müh'!
Wer bloß da nur sinnet,
doch nimmer beginnet,
der endet auch nie.
Beiseits mit dem Zaudern,
Ganz weg mit dem Plaudern
vom Tatengefühl!
Denn nicht durchs Empfinden,
durchs Handeln nur finden
wir einmal das Ziel. PuG.65

Ein dummer Mensch hält stets die anderen Menschen für noch dümmer, als er selbst ist. Für den Blinden ist jeder auch noch so scharf Sehende blind, und für den Tauben ist ein jeder andere Mensch taub! DT.3,15

Wenn jemand seinem Nächsten etwas Gutes tun will, so tue er das nicht vor den Augen der Welt und lasse sich darum nicht öffentlich loben und preisen, sondern er tue das im geheimen also, dass nahezu seine Rechte nicht weiß, was die Linke tut, und Gott, der auch das Geheimste sieht, wird solche Werke mit Seinem Segen belohnen. GEJ.6.158,3

Wer für den Geist arbeitet, der wird auch für den Geist ernten, der da ewig leben wird. Wer aber mehr für den Leib arbeitet, der wird einst in großer Armut stecken. Denn jenseits wird jedermann nur das haben, was er sich geistig erworben hat, und nicht mehr und nicht weniger.

Hi.2.147,8

Der wahre große einige Gott hat den Menschen nicht erschaffen, dass er, den Tieren gleich, nur tätig sei wegen der Befriedigung seiner natürlichen Bedürfnisse, sondern vielmehr der inneren, geistigen wegen. Und wer im Geistigen tätig wird und durch Wissen, Glauben und Tat des Geistes Kräfte übt, der wird im Geiste auch stark und mächtig werden.

GEJ.6.95,6

Wer Mich nicht völlig eifersüchtig liebt und Mich in seinem Herzen wie nahe ausschließend allein besitzen will, der hat noch keine wahre, lebendige Liebe zu Mir! Hat er aber diese nicht, so hat er auch die Fülle des Lebens nicht in sich; denn Ich bin ja das eigentlichste Leben im Menschen durch die Liebe in seiner Seele zu Mir, und diese Liebe ist Mein Geist in jedem Menschen.

GEJ.2.41,4

Die rechte Liebe muss sich auch zu Tode lieben, entweder im Geiste oder in der Tat des Fleisches, und dieser Tod ist erst die wahre Auferstehung zum wahren ewigen Leben, in welchem dann diese Liebe ganz allein leben wird in der allerhöchsten, sich stets und ewig steigernden Wonne und in wahrer, allermächtigster Wollust des ewigen Lebens.

HGt.1.150,10

Alles, was da tritt aus dem Dasein, kehrt allzeit in ein vollkommeneres Dasein wieder zurück, hinauf bis zum Menschen und von da wieder zu Mir Selbst zurück. Und so wird ewig nichts verloren gehen, auch deine leisesten Gedanken nicht. HGt.2.124,32

Du kannst Mich nicht lieben als Gott, sondern nur als Mensch; denn welche endliche Brust möchte wohl ertragen den unendlichen Gott, welche das endlose Feuer der göttlichen Liebe, welcher endlich geschaffene Geist die endlose Fülle der göttlichen Weisheit?! HGt.2.24,16

Die Liebe vereinigt alles; Gott und Geschöpf werden eins durch sie, und kein Raum kann das mehr trennen, was die wahre und reine Liebe aus der tiefsten Tiefe der Himmel heraus vereinigt hat. Wer im Herzen bei Mir ist, um den bin Ich immer, und er ist auch immer um Mich, und darin liegt eigentlich die Hauptsache. GEJ.3.111,4+6

Liebe ist die Wurzel aller Weisheit; daher liebet, wollt ihr wahrhaft weise werden! So ihr aber liebet, da liebet der Liebe und nie der Weisheit wegen, so werdet ihr wahrhaft weise sein! HGt.1.90,13

Ihr möget allzeit fröhlichen Herzens und frohen Mutes sein; denn der heilige und übergute Vater wacht allzeit über euch und sorgt um euer Wohl und Seelenheil!

GEJ.9.74,13

Wer in sich nicht auf dem rechten Wege ist, der ist auch in dieser Welt nirgends auf dem rechten Wege.

GEJ.10.120,14

Wirket allein durch Meine Liebe in euren Herzen; denn in der Liebe liegt die größte Kraft und Macht verborgen!

GEJ.10.106,14

Wer da sagt: ‚Ich liebe Gott und meine Brüder!‘, hat aber etwas vor seinen Brüdern und teilt es nicht mit ihnen also, dass nur der kleinste Teil für ihn zurückbleibt, der ist noch voller Eigenliebe und ist des Vaters nicht wert.

HGt.1.154,3

O Jesus mein, erwecke meine Liebe,
Erweck' in mir zu Dir die heil'gen Triebe,
Auf dass ich über all's Dich lieben könnte,
Und dass Dein Wort in meiner Seel' ertönte!

PuG.126

Das Wissen wird dir ewig nichts nützen zum Leben; aber so du handeln wirst nach der Wahrheit, so wirst du das Zeugnis der Wahrheit finden, und es wird sein das Zeugnis der Liebe und die Liebe das ewige Leben in Gott.

HGt.1.7,34

Nur im Kleide der Armut kommt der Herr gar oft zu Seinen Kindern auf die Erde. Aber sie erkennen Ihn nicht, weil ihr Begriff von Gott an und für sich schon Hochmut ist.

RBl.2.276,13

Wen Gott lieb hat, den prüft Er zuvor ganz gehörig durch, bevor Er ihm vollauf hilft!   GEJ.7.22,10

Fliehet die Welt und suchet euch selbst und Mich in euch.   HGt.2.86,13

Wer da kämpfet in seiner Schwäche und sieget, ist Mir ums Tausendfache lieber als ein Starker, dem der Sieg ein leichtes ist. Wenn der Schwache fällt, da will Ich ihn aufrichten, wie oft er auch immer fällt. Aber der Starke mag sich selbst aufrichten, so er gefallen ist.   Hi.2.191,18

Weißt du denn nicht, dass die wahre Liebe stumm ist und die Weisheit nur dann das Wort führt, wenn sie zum Frommen anderer zu reden aufgefordert wird?! Hast du Liebe, so schweige mit dem Munde und rede allein im Herzen; und hast du Weisheit, so lasse dich vorher von jemand begehren, und so solches geschehen, dann rede wenig Worte und rede aus dem Herzen und nicht aus dem Verstande, was da frommt dem Begehrenden! Es ist aber unvergleichlich vielmal besser, zu schweigen und das Ohr zu verhalten wie auch das Auge zu schließen, als beständig zu mundwetzen und zu brodeln gleich einem Wasserfalle und das Ohr zu legen an alle Straßenecken und das Auge einer Schwalbe gleich herumschießen zu lassen.   HGt.1.98,2

Ihr sollet in der Zukunft auch nicht so ängstlich sein, denn alles, was da geschieht, geschieht aus Liebe zu euch!   Hi.1.144,18

Meine geliebten Kinder! Ihr habt Mich oft gesucht, habt Mich mühsam gesucht, ja über allen Sternen habt ihr Mich gesucht, während Ich doch beständig unter euch wandelte; allein ihr habt Mich nicht finden und erkennen können, weil eure Augen und so auch eure Herzen stets weithin gerichtet waren, um Den zu suchen und zu lieben, der euch allen doch stets so nahe war, ja näher als jeder sich selbst! HGt.1.162,6

Niemand aber will im Ernste die Wege versuchen, durch welche er unmittelbar dahin gelangen möchte, wo er mit Mir Selbst in Verbindung träte und dann aus Meinem Munde eine lebendige Lehre bekäme, die ihn erst zu einem guten Erdreiche umgestalten könnte.

GS.2.125,10

So Ich jüngst wieder zur Erde kommen werde, so werde Ich eine starke Sichtung vornehmen; und keinen werde Ich annehmen, der Mir mit was immer für Entschuldigungen kommen wird! Denn jeder, der da ernstlich sucht, kann und muss es finden. GEJ.1.91,20

Finstere und unordentliche Gedanken haften viel mächtiger im Herzen und verfinstern dasselbe und finden schwer den Ausweg, darum, weil sie das Herz finster machen. Die lichten Gedanken aber kommen bald und leicht wieder heraus, weil sie selbst Licht sind und alle Winkel erleuchten und leicht wieder herausfinden, besonders, so es ihnen darin neben den ‚Schwarzen' etwa nicht bestens gefällt. Hi.2.314,2

Wer allzeit gegen Fremde gut, gerecht, billig und er-
barmungsvoll handelt, die Armen aufnimmt und vor
keinem sein Herz und die Türe seines Hauses verschließt, vor dem verschließe auch Ich Mein Herz
nicht, das da ist die wahre Eingangstür ins Himmelreich, das da ist das ewige und seligste Leben der Seele.

GEJ.9.110,10

Das Herz des Menschen, das mit Gott zunächst verwandt ist, hat allein die Bestimmung, Gott zu suchen
und auch zu finden und dann aus dem gefundenen Gott
zu nehmen ein neues unverwüstliches Leben. Der
rechte und lebendige Sinn des Herzens aber ist die
Liebe.

GEJ.3.110,18

In der Folge wird jedermann sogar müssen von Gott
aus belehrt werden, und der nicht von Gott aus belehrt
wird, wird nicht eingehen ins lichtvollste Reich der
Wahrheit.

GEJ.3.15,6

Der Vater will es, dass die Seinen, in dieser Welt so
recht bis auf das äußerste sollen zuvor gedemütigt
werden, ehe sie erhoben werden zu der unvergänglichen Ehre, die ihnen ewig niemand mehr nehmen wird.

GEJ.6.21,12

Wer aber noch nicht weiß, was er so ganz eigentlich
tun solle, der lese das Evangelium, allda wird er finden,
was er darüber für sein Heil zu wissen braucht! Hi.2.374,2

Wer immer aus wahrer Liebe zu Mir etwas tut, dem wird es vergolten werden hier zehnfach und einst in Meinem Reich hundertfältig, auch tausend und endlos-fältig! GEJ.1.93,10

Gott fürchten heißt: Gott als die ewige, höchste und reinste Liebe über alles lieben und, weil Gott die höchste Wahrheit ist, in der göttlichen Wahrheit verharren und nicht in der Lüge der Welt. GEJ.9.86,5

Wenn der Böse, so er kommt, sich gegenüber wieder Böses findet, so ergrimmt er und wird zum Satan im Vollmaße; so er aber kommt und findet nichts denn Liebe, Sanftmut und Geduld, da steht er von seiner Bosheit ab und zieht weiter. GEJ.1.75,9

So Ich nun euch von dem Gesetze durch Meine neue Lehre aus dem Himmel frei mache, und zeige euch den neuen Weg durchs Herz zum wahren, ewigen, freiesten Leben, warum wollt ihr dann stets gerichtet und verdammt unter dem Gesetze leben und bedenket nicht, dass es besser ist, in der freien Liebe dem Leibe nach tausend Male zu sterben als einen Tag im Tode des Gesetzes zu wandeln! GEJ.1.75,4

Was da geschieht und noch geschehen wird, ist berechnet und bestimmt von oben und hat seinen tiefst-heiligen Grund; wer aber im Herzen, in der Liebe und im Willen mit Mir ist, dem wird die allerärgste Welt nie etwas anhaben können. GEJ.6.151,15

Ein jeder aber, der aus Meinem Munde die Wege des Lichtes und Lebens kennt, der sorge für sich hauptsächlich nur dahin, dass er rein dastehe vor Gott, und richte nicht seinen Nächsten! Wer das tut, der tut alles und gibt durch sein Beispiel seinem Bruder die beste und wirksamste Lehre. GEJ.6.161,1

Vergebet euch selbst eure Sünden und Dummheiten gegenseitig, erwecket eure Liebe zu Gott und zum Nächsten, so werden euch auch von Mir aus eure Sünden vergeben sein. GEJ.8.193,12

Das ist das Allerhöchste, dass Ich euch ein wahrer Vater bin und ihr Mir wahrhaftige Kinder seid. Wahrlich, wahrlich, Ich will um eines Kindes willen Milliarden von Sonnen und Welten aller Art opfern, könnte Ich es sonst nicht wieder bekommen zu Mir zurück. HGt.2.251,13

Wer noch mit Gewalt gehalten und geleitet werden muss, ist noch ein Teufel; nur wer sich von der Liebe, Sanftmut und Geduld leiten lässt, ist gleich einem Engel Gottes und ist wert, ein Kind des Allerhöchsten zu sein! GEJ.1.76,3

Die wahre und uneigennützige Liebe zum Nächsten ist mit der Liebe zu Gott eins, und Gott belohnt solche Liebe schon in dieser Welt und wird sie noch mehr belohnen dereinst jenseits in Seinem ewigen Reiche mit dem ewigen Leben. GEJ.9.60,4

Wer mit Mir wandelt, der hat allenthalben schon einen wohlgebahnten Weg; wer aber ohne Mich dem Reiche Gottes, als dem inneren Reiche des Lebens und aller Wahrheit zuwandelt, der hat wohl einen langen, schmalen und sehr dornigen Weg zu durchwandern, wie das bei gar vielen alten Weisen aller Völker der Erde von jeher der Fall war und auch künftig der Fall sein und bleiben wird. GEJ.9.58,1

Was jemand lieb hat, dazu hat er auch Verstand genug, es zu loben. Du aber liebst das Geld übermäßig und verstehst dich daher sehr wohl auf das Lob des Geldes. GEJ.1.94,21

Mein Geist wird kräftiger mit euch wirken, so ihr zwei oder drei irgendwo in Meinem Namen versammelt seid und also lehret und wirket. GEJ.1.141,8

Wer die Liebe nicht hat, der wird auch schwer eine Gegenliebe finden. Wer aber mit aller Liebe die Gegenliebe sucht, der wird sie auch finden; und hat er sie gefunden, so wende er sich von ihr nicht ab, so sie ihm mit aller Freude werktätig entgegenkommt. GEJ.10.84,10

Also ist auch die vollste Ausbildung des eigenen Lebens jedem Menschen in die höchst eigenen Hände gelegt. GEJ.1.93,8

Ihr sollet an jedem Tage Meiner gedenken und in Meinem Namen Gutes tun. GEJ.10.102,17

Die Welt möchte euch auch bedrängen von allen Seiten; aber sie kann es nicht, weil sie von Mir überwunden ist. So ihr aber durch eure Liebe Mich in euch habet, so habt ihr ja auch den ewigen Überwinder der Welt in euch. Die Welt aber hat Meine Macht erfahren; daher darf und kann sie dem kein Haar krümmen, der wahrhaftig Meinen Frieden in seinem Herzen birgt.

Ste.35,4

Wollet ihr aber Gott, der in Sich ein reinster Geist ist, wahrhaft anbeten, so müsset ihr Ihn durch die Liebe in euren Herzen auch im Geiste und in der Wahrheit anbeten, und zwar in der Tat durch allerlei gute Werke. Denn wahrlich, was ihr den Armen tut aus der Liebe zu Gott, das tut ihr Gott!

GEJ.6.57,21

Das ausschließliche Streben nach dem Reiche Gottes setzt die größte Tätigkeit voraus.

GEJ.5.160,1

Die Stärke deiner Liebe zu Gott und zum Nächsten wird dir anzeigen, wie viel des Reiches Gottes in dir wach und reif geworden ist. Das Reich Gottes in dir aber ist die besagte Liebe in dir, und diese Liebe ist auch dein Geist als die einzige Wahrheit, Realität und das ewige, unverwüstbare Leben.

GEJ.7.75,4

Die Sprache eurer Herzen gilt bei Mir in einem Worte mehr als tausend noch so schöne Worte von der Zunge gesprochen, von denen das Herz gar oft nicht viel weiß!

GEJ.1.195,4

Liebet, liebet, liebet Ihn; in der Liebe werdet ihr erst erfahren, was die Liebe ist, und wie unaussprechlich gut da ist unser heiliger Vater! O Liebe, du heilige Liebe! Du allein bist alles in allem! O Vater, Du heiliger Vater, Du bist ja diese heilige große Liebe Selbst! Daher liebet, liebet, liebet die Liebe; liebet über alles über alles den heiligen Vater!

HGt.2.87,20

Wer ein rechtes Licht in seinem Hause hat und pflegt, der halte es nicht ganz verborgen, sondern lasse es auch von Zeit zu Zeit bei guter Gelegenheit über sein Haus hinausleuchten! Und wenn das dann viele Häuser tun werden, dann wird sich auch des Geistes Finsternis in der Welt sehr vermindern und die Nacht selbst wird zum Tage werden.

GEJ.8.122,18

Am Ende muss ein jeder Mensch in seinem Herzen von Gott belehrt werden! Wer da am Ende nicht vom Vater oder vom Gottgeiste in Mir belehrt wird, auf dem Wege der reinen Liebe zu Mir und zum Nächsten, der kommt nicht zu Mir, dem Sohne der ewigen Liebe, der Ich bin das ewige Licht, der Weg, die Wahrheit und das Leben selbst; denn Ich bin des Vaters Weisheit in Mir Selbst.

GEJ.9.56,7

Wenn Gott nicht Menschen zur stets größeren Sättigung Seiner Liebe bedurft hätte; so hätte Er sie auch nie erschaffen; da Er sie aber erschaffen hat, so kümmert Er sich auch um sie und um ihre ewige Erhaltung und zeigt dadurch, dass Ihm gar alles an den Menschen gelegen ist. Es sollte den Menschen darum aber auch alles an Gott gelegen sein!

GEJ.8.129,13

Wahrlich, Ich sage euch: Wo das Herz durch die wahre und reine, uneigennützige Liebe Gott in der Tat nicht anbetet, da ist jedes Gebet ein leerer und nichts werter Schall, der in der Luft verhallt und völlig zunichtewird.

GEJ.6.57,22

Menschen aber, die in den Weltdingen klug und scharfsinnig sind, die werden es auch bald und leicht in den Dingen des Geistes und seiner Weisheits- und Lebenstiefen; es kommt nur darauf an, wie man sie behandelt!

GEJ.10.146,6

Ich habe für euch alles getan, was nur immer in der göttlichen Möglichkeit steht; darum habe Ich Mein Werk um euch vollbracht. Aber tuet auch ihr darnach, dass dieses Werk in euch vollbracht wäre?

Ste.5,14

Das Bekenntnis des Kopfes wird niemanden dem ewigen Leben auch nur um ein Haar näher bringen; denn wer zu Mir will, der muss Mich vorher durch die lebendige Liebe in sich aufnehmen, und seine eigene Liebe zu Mir wird es ihm sagen, dass Ich bin und komme zu ihm und gebe ihm das ewige Leben.

Ste.10,25

Seid vollkommen in allen Dingen und mächtig in der lebendigen Liebe, so werde auch Ich beständig mit Meiner segnenden Hand unter euch sein und werde euch ziehen, lehren und zurichten in allen Vollkommenheiten.

HGt.2.7,12

Du sollst Mich, deinen Gott und heiligen Vater, lieben aus und mit aller der Liebe, die Ich dir gab von Ewigkeit her zum ewigen Leben und als ewiges Leben! So du Mich liebst, so verbindest du dich wieder mit Mir, und deines Lebens wird nimmer ein Ende sein, unterlässest du aber solches, so trennst du dich vom Leben.

HGt.1.70,21

Ihr sollet ja Freude haben, und nimmer soll die Freude von euch genommen werden – aber Ich sollte stets eure größte Freude sein! Hi.2.266,12

Wer Mich suchen, finden, erkennen und dann über alles lieben wird und seinen Nächsten mit aller Geduld wie sich selbst, schon hier oder zum mindesten doch jenseits, aus allen Kräften, der wird Mein Kind, also Mein Sohn und Meine Tochter sein! GEJ.5.111,1

Liebe Mich über alles, wie Ich dich über alles liebe, und lass dein Herz nicht verblenden von der Welt, so wirst du einen leichten und sanften Weg zu wandeln haben! Hi.2.405,13

Wer Mich in seinem Glauben bekennt und tut nach Meinem Worte, der nimmt Mich geistig auf, und Ich bin im Geiste bei ihm. Wer aber aus Liebe zu Mir einen Bruder aufnimmt in Meinem Namen, der nimmt Mich in dem Bruder leibhaftig auf. Hi.2.297,4

Die Liebe findet die Liebe bald und leicht. GEJ.5.58,3

Als Gott bin Ich ein ewiger Richter nach Meiner unendlichen Weisheit und Heiligkeit - denn Gott kann sich nichts nahen und leben - aber in Meiner eben also unendlichen Liebe bin Ich ein Vater und will alle Meine Kinder um Mich versammeln. HGt.2.156,9

Wer Mich nicht liebt Meiner selbst willen, der wird nicht dahin kommen, wo Ich sein werde! Der Mensch muss Gott lieben ohne Gewinnsucht, wie Gott ihn liebt, ansonst er Gottes völlig unwürdig ist. GEJ.1.204,25

Alles, was sich da hervortut auf der Welt, das steht bei Gott im Hintergrunde; so aber jemand hier ein ganz unbeachteter, letzter Bewohner dieser Erde ist, der aber ist dafür der Allerangesehenste bei Gott. HGt.2.57,6

Wer Mir nachfolgt, der sorge sich um nichts, als dass er bei Mir bleibe zeitlich und ewig. GEJ.1.38,4

Solange ihr eure Herzen werdet zu Mir gekehrt haben, da werde Ich sein mit Meiner Liebe segnend bei euch allen und jeglichem besonders nach dem Maße seiner Liebe zu Mir und daraus zu seinem Bruder; und die flammenden Herzens sollen Mich sogar nicht selten zu Gesichte bekommen. HGt.2.2,23

Meine Jünger müssen auch in ihrem Haushalte auf der Welt in Ordnung sein! GEJ.1.89,3

Glaube Mir nicht, aber liebe Mich, so wirst du Mich erkennen, dass Ich ein wahrer Vater bin! Die reine Liebe wird dich heilen und wird vernichten all deine Zweifel. Und so denn gehe hin und erforsche dein Herz; werde demütig, und Ich werde dir ein rechter Gott und Vater sein ewig!   HGt.2.257,20

Es hüte sich aber dennoch ein jeder, etwa des Eigennutzes wegen der Letzte zu sein, sondern allein darum, dass er darob den liebevollsten Vater desto mehr in solch stiller Abgezogenheit lieben könnte und desto mehr sehnsüchtigsten Herzens werden möchte.
                                                    HGt.2.57,7

Wer aber Gott lieben will, der muss ja zuerst glauben, dass es einen Gott gibt, der, als Selbst ganz Liebe, der ewige Urgrund aller Dinge in der ganzen Unendlichkeit ist. Wie kann aber ein Mensch zu solch einem Glauben gelangen? Am sichersten durch die Offenbarung, durch das Anhören des Wortes Gottes und durch die Erkenntnis des Willens der ewigen Liebe.   GEJ.9.116,22

Wer aber in aller Demut sein Herz zum Meinigen erheben wird, dessen Leben will Ich erleuchten mit der hellen Flamme seiner Liebe zu Mir, und es soll ihm also licht werden sein ganzes Wesen, dass er in diesem Lichte ewig nimmer den Tod sehen soll!   HGt.2.257,6

Gott kümmert sich um euch gerade also, wie ihr euch um Ihn kümmert.   GEJ.10.120,8

Wer Mich liebt, der muss Mich ganz lieben! Wenn sich die Meinen irgendeiner Weltbelustigung manchmal mehr freuen denn Meiner Liebe, siehe, das kränket Mich schon! Denn Ich bin ein Todfeind von aller Weltkoketterie! Glaube es Mir, ganz kleine Seitenblicke von denen, die Ich zu den Meinigen aufgenommen habe, bereiten Mir schon Schmerz! Hi.2.244,6

Gottes Wille ist so stille,
Dass ihn viele überhören,
Und nur jene, die begehren
Solchen zu vernehmen,
Werden nach und nach erkennen,
Dass sich Gottes Wille
Nur in heil'ger Stille
Jenem treulich offenbaret,
Der mit Sehnsucht auf ihn harret. PuG.66

Nur dem wird sein Glaube wahrhaft zum Heile seiner Seele nützen, der das mit aller Freude tut, was Ich zu tun anbefohlen habe. Denn ein freundlicher Täter Meines Willens tut mit dem wenigen, was er tun kann, zehnfach mehr als derjenige, der sich lange bitten lässt und dann mit der Liebestat an seinem Nächsten sich rühmt und brüstet. GEJ.10.90,12

O heiliger Vater, in Jesus dem Herrn und dem Schöpfer der Welten, der Sonnen, der Menschen und Engel, Dich lobt meine Seele, Dich liebet und preiset mein Geist, und mein Herz ist voll heißester Sehnsucht zu Dir, o Du heiliger, liebevollster Vater! PuG.29

Geduld ist des Menschen erste Pflicht; denn ohne diese verdirbt er alles Edle, das er gepflanzt hat! HGt.3.158,6

Suche ja nicht in der Welt etwas anderes zu erreichen als ganz allein Meine Liebe, so wirst du allzeit und ewig glücklich und selig sein! Hi.2.254,7

Durch den Kampf mit der Welt und mit allem, was sie euch bietet, müsst ihr euch des ewigen Lebens Freiheit erringen! GEJ.1.201,4

Gleichwie aber ihr selbst vor allem wahre Volltäter Meines Wortes sein sollet, so ihr es in euren Herzen lebendig erfahren wollet, wer Der ist, Der euch diese Lehre und das Gebot der Liebe gegeben hat, also sollet ihr auch alle, denen ihr Mein Wort verkünden werdet, zur Tat antreiben; denn solange das Wort bloß im Gehirne haften bleibt, hat es keinen höheren Wert als das leere Geplärr eines Esels, das auch von anderen vernommen wird. GEJ.1.140,10

Wer da etwas gibt und dafür noch mehr zurücknehmen will, der ist wahrlich Mein Jünger nicht! Denn sehet, Ich gebe alles hin für die Meinen, am Ende sogar das Leben Meines Leibes, und Ich nehme dafür von niemandem ein Opfer dieser Welt, sondern will nur, dass Mich der Mensch liebe über alles, auf dass Ich ihm dann noch endlos mehr und Größeres geben kann.

GEJ.6.151,8

Wahrlich, wahrlich, wer da noch in aller ängstlichen Ehrfurcht steht vor Mir, der ist auch noch nicht rein; denn nur ein wankendes, unlauteres und darum schwaches Herz, welches noch nicht eins geworden ist mit Meinem Willen, fürchtet sich vor Mir, dem allmächtig starken ewigen Gotte. HGt.2.136,13

Die wahren Kinder Gottes, die durch die rechte Liebe zu Gott, dem heiligen Vater von Ewigkeit, und ebenso in der reinen Liebe zu ihren Nächsten sich hervortun werden, werden jenseits im großen Vaterhause die Macht und Gewalt erhalten, den ewig nie auszufüllenden Raum mit neuen Schöpfungen stets mehr und mehr zu erfüllen. GEJ.1.10,4

Habe du ja keine Scheu vor den mannigfachen Lebensbürden, die dir auf diesem irdischen Lebenswege hie und da begegnen werden; denn Ich werde sie zu dir senden zur Stärkung deiner Seele und deines Geistes. Wenn demnach dann und wann etwas über dich kommen wird, dann denke, dass Ich es bin, der dir eine solche Stärkung zukommen lässt. GEJ.3.120,6

Also wie da bei jemanden sein wird die Liebe zu Mir, wird auch sein dessen Licht und demnach auch seine Weisheit! Ihr seid aber alle wohl ausgestattet von Mir ausgegangen; jeder trägt in sich dasselbe, was da ist in Mir, darum Ich ihm bin ein vollkommener Vater, wie er Mir sein soll ein vollkommen ebenmäßiges Kind. HGt.2.86,5

Sei vor allem um die Erhaltung Meines Namens im Herzen besorgt. Wer Mich wahrhaft liebt und seinen Nächsten wie sich selbst, der trägt Meinen Namen wahrhaft lebendig in seinem Herzen und daran einen Schatz, den ihm alle Ewigkeiten nicht zu nehmen imstande sein werden, denn Gott wahrhaft in aller Tat lieben, ist mehr denn ein Herr aller Schätze sein.

GEJ.5.6,1

Erforsche dein Herz an jedem Tage in der Liebe zu Mir! Und findest du dann und wann eine andere Liebe und Neigung in ihm als die zu Mir, so rufe Mich und zeige Mir dein Herz! Und Ich werde es sogleich reinigen für Mich und jede unlautere Begierde und Lust aus dir treiben!

Hi.2.254,6

Ich bin nicht neben der Welt zu lieben, da die Welt durchgehends nicht in Meiner Liebe, sondern bis auf das letzte Stäubchen nur vermöge Meiner Erbarmung beständig in Meinen unerbitterlichen Gerichten steht und besteht. Denn Ich bin nur in der Liebe und Gnade erbittlich, aber ewig unzugänglich in Meinen Gerichten, die da sind die Heiligkeit Meiner ewigen Ordnung zufolge Meiner unendlichen Weisheit.

Hi.1.256,1

Wer Gott liebt, der nötigt Gott, dass Er komme zu ihm und Wohnung nehme in des liebenden Menschen Herzen! Und Gott kommt und nimmt dann durch Seinen Geist Wohnung im Gott über alles liebenden Herzen; und ein solcher Mensch hat dadurch das ewige, unvergängliche Leben in sich und ist völlig eins mit Gott!

GEJ.2.119,7

Das Mitleid mit sich selbst ist für den Menschen in Beziehung auf das geistige Leben von einer äußerst schlechten Wirkung. Denn im Eigenmitleide rechtfertigt der Mensch sich selbst, schiebt alle Schuld auf andere Menschen und allerlei Umstände und stellt sich als schuldloser und zugleich aller Erbarmung würdiger Mensch dar.   GS.1.87,1

Wer an Mich glaubt und Mich liebt und dadurch hält Mein leichtes Gebot der puren Liebe, der ist es, der Mich auch im vollsten Lichte seines Herzens als den Vater erkennt! Und zu dem werde Ich Selbst allzeit kommen und Mich ihm offenbaren, und er wird fürder von Mir gelehrt und geführt werden, und Ich werde seinem Willen die Kraft verleihen, dass demselben im Falle der wirklichen Not alle Elemente gehorchen sollen.   GEJ.3.225,8

Glaube mir, der Herr ist auch in der Hölle pur Liebe; und nicht ein arger Geist ist darinnen, der nicht, so er nur will, berechtigt wäre, als ein verlorener Sohn zum Vater zurückzukehren.   GS.1.86,16

Leset ihr gerade etwas Erbauliches von Mir, dann seid ihr wie voll Liebe zu Mir aber das ist nicht Liebe, sondern nur eine zeitweilige Aufregung eures Erinnerungsvermögens. Sobald ihr euch umkehret und etwas anderes erschauet, da schließt sich eure Erinnerungskammer im Kopfe, und Ich bin draußen, als wäre Ich kaum je darin gewesen.   Hi.2.266,6

Wer mit seinem Herzen bei Mir ist, der kann mit seinen Gliedern unbeirrt sein nötiges Tagewerk verrichten, wie er mag und kann, und wie es sein Gewerbe erfordert und er widmet Mir dennoch die vollste und wahrste Aufmerksamkeit. Jede andere aber hat vor Mir ohnehin keinen Wert.   GEJ.6.60,2

Wenn du voll Angst und Kleinmut sprichst: Herr, Dein Wille geschehe! so gilt das bei Mir nichts. Aber so du das mit freiem und freudigem Herzen sprichst, da wirst du allezeit Hilfe finden. Denn nur in einem in Meinem Namen freien und freudigen Herzen wohne Ich kräftig; in einem bedrückten, seufzenden und ängstlichen aber ebenfalls bedrückt, seufzend und ohnmächtig.   Hi.2.414,15

Ich werde weder euch, noch jemand andrem je Meinen Willen nach Meiner Weisheit aufdrängen, sondern ihn nur bekannt geben durch Worte und durch Rat; da müsset ihr ihn erst selbst durch euren Willen und durch die Tat zu dem eurigen machen, und zwar durch allerlei Selbstverleugnung in den verschiedenen Dingen dieser Welt.   GEJ.5.130,10

Wenn die Menschen dieser Erde bestimmt und berufen sind, Kinder Gottes zu werden, so müssen sie auch in allem Gott ähnlich sein; denn wer Gott nicht in allem völlig ähnlich wird, der wird auch kein Gotteskind und kommt nicht zu Gott, solange er nicht Gott völlig ähnlich wird.   GEJ.7.139,7

Also sollt ihr auch nicht halten auf gewisse Tage und Zeiten, als wären sie irgend besser oder schlechter. Bei Gott sind alle Tage gleich und der beste ist unter vielen der, an dem ihr wahrhaft Gutes eurem Nächsten erwiesen habt!

GEJ.1.202,10

Gott will kein hoher Gott, kein großer Gott, kein reicher Gott sein im Angesichte Seiner Kinder, sondern ein Gott in aller Niedrigkeit, Kleinheit und Armut nur will Er vor Seinen Kindern sein. Denn Er hat ja alles Seinen Kindern gegeben; was Er hat, das sollen auch sie haben.

HGt.3.55,17

Wer nach Vereinigung mit Gott strebt, wird zuerst trachten, Seinen Willen zu erfüllen und den eigenen unterzuordnen; denn nur der im Menschen lebendig gewordene und tatkräftige Gotteswille kann und wird niemals Schiffbruch leiden.

GEJ.11.51,9

Wer gefallen ist, den hebet auf und bringet ihn auf einen guten Weg und führet ihn, auf dass er zur Einsicht seiner Sünde kommen möge und solche getan zu haben bereue!

GEJ.1.203,7

Ich bin dir näher als du dir je träumen möchtest! - Darum, so du Mich suchest mit der Liebe deines Herzens, die du an deiner Liebe Unwerte so reichlich verschwendet hast und noch verschwendest, fürwahr, schon lange hättest du Mich vollkommen gefunden!

Hi.2.7,14

Der Mensch in seinem Fleische ist der Erde nicht wert, wenn er den Geist flieht, um nur sein Fleisch zu trösten! HGt.3.94,16

Wer Mich aber wahrhaft lieben und Meine leichten Gebote halten wird, zu dem werde Ich, wenn er es im Herzen nur immer ganz lebendig wünschen und verlangen wird, kommen und werde Mich ihm offenbaren und ihm geben allerlei Kraft und Macht, zu kämpfen wider alle die argen Geister der Welt und der Hölle, und sie werden ihm nicht zu schaden vermögen. GEJ.10.91,5

Frage dein Herz nach dem Grundsatze der wahren Nächstenliebe, und es wird dir alsbald sagen, was du zu tun hast! GEJ.10.149,3

Siehe, die Welten, die Sonnen und alle Dinge entstammen dem Willenshauche des Herrn; aber nicht also steht es mit dem Geiste des Menschen in seinem Herzen. Denn dieser ist ein wesenhafter Teil des ewigen wahrhaftigen Geistes Gottes, im Herzen Gottes wohnend und kommend aus demselben. HGt.3.54,11

So du zu Ihm, deinem Gott und Vater in Jesus gehst, da gehe in der Liebe deines Herzens zu Ihm und nicht mit der Purheit deines Verstandes. Denn nur durch die Liebe kannst und wirst du Ihn gewinnen und Ihn in Seiner Göttlichkeit auch begreifen, mit dem Verstande aber wirst du ewig nichts ausrichten. GEJ.4.77,9

Wer als Mein Jünger der Welt nicht völlig entsagen kann, der wird nicht stark im Gottesreiche werden; denn Gott dienen und der Welt dienen, geht schwer oder auch gar nicht. So aber jemand im Reiche Gottes stark geworden ist, dann erst kann er wahrhaft auch aller Welt nützlich dienen.   GEJ.8.125,9

Mit Mir werdet ihr alles vermögen, ohne Mich aber nichts! Darum bleibet gleichfort durch die Liebe und durch den Glauben in Mir, Ich werde also bleiben mit Meiner Liebe, Barmherzigkeit, Macht und Kraft in euch!   GEJ.10.109,13

Die Liebe ist das einzige und sicherst wirkende Vereinigungsmittel des Geistes mit der Seele, weil solche Liebe in der Seele schon der eigentliche Geist Gottes ist; lass ihn durch gute Taten stark werden, und du wirst dich dann bald von seiner wunderbaren Macht und Kraft in dir und auch außer dir gar wohl überzeugen.   GEJ.9.108,9

Wer fest dem Herrn vertraut, der hat auf guten Grund gebaut.   JJ.221,5

Ein heiteres und munteres Herz ist Mir um vieles lieber denn ein betrübtes, trauriges, klagendes murrendes, mit allem unzufriedenes, dadurch undankbares und sicher wenig Liebe in sich fassendes; denn in einem heiteren Herzen wohnt Liebe, gute Hoffnung und ungezweifelte Zuversicht.   GEJ.4.167,15

Ein mit allen diesirdischen Gütern wohlversehener Mensch verlernt leicht das wahre glaubensvolle Beten. Kommt endlich einmal eine Not über ihn, so fängt er wohl auch an, durchs Beten bei Gott Hilfe zu suchen; aber er hat bei sich zu wenig Vertrauen dahin, dass er bei Gott werde Erhörung finden, und der Grund liegt offenbar im Mangel an der Übung des lebendig vollen Vertrauens zu Gott. GEJ.9.87,5

Wer nicht zuvor völlig Gottes wird, ehe er wirkend kehrt zur Welt, den verführt die Welt und verschlingt bald und leicht sein Herz und seine Seele; wer aber zuvor ganz Gottes geworden ist, dem kann die Welt nichts mehr anhaben; denn er hat um sich einen festen Damm und für sich eine Burg erbaut, die von den Pforten der Hölle nicht überwunden werden. GEJ.8.125,12

Wer recht leben will, der kann es in jeder Kirche. Ich sage zu niemanden: Werde Katholik oder werde ein Protestant oder werde ein Grieche, sondern: was einer ist, das bleibe er wenn er will. Sei er aber was er wolle, so sei er ein werktätiger Christ, und das im Geiste und in der Wahrheit; denn jeder kann, wenn er es will, das reine Wort Gottes haben. EM.73

Die wahre, reine und lebendige Liebe ist in sich höchst uneigennützig; sie ist voll Demut, ist tätig, ist voll Geduld und Erbarmung; sie fällt niemals unnötig zur Last und duldet alles gern; sie hat kein Wohlgefallen an der Not ihrer Nächsten; aber ihre rastlose Mühe ist, dass sie helfe jedermann, der einer Hilfe bedarf. GEJ.7.223,13

So ihr in Meinem Namen Mein Licht und Reich mit der rechten und uneigennützigen Nächstenliebe unter euren noch in tiefer Finsternis schmachtenden Brüdern und Schwestern ausbreiten werdet, desto erleuchteter und lebensvollkommener werdet ihr selbst werden, und es werden euch dann erst Dinge eröffnet werden, von denen ihr jetzt noch keine Ahnung habt und auch nicht haben könnt!

GEJ.10.90,1

Wer die Welt mehr fürchtet als Mich, der ist Meiner nicht wert. Wer den Menschen mehr trauet als Mir, ist Meiner nicht wert. Wer die Armut der Welt fürchtet, ist Meiner Schätze nicht wert. Ja, wer Mich neben der Welt herziehen will, ist Meiner nicht wert. Und ein großer Tor ist, wer Mich nicht zu seinem allerhöchsten Gute macht.

Hi.1.264,10

Was der Mensch unternimmt, das soll er stets mit einem liebeerfüllten Herzen unternehmen. Niemandem soll er je etwas Böses tun wollen, sondern allezeit nur etwas Gutes, besonders im geistigen Teile zum ewigen Leben Wirkendes. Ist so sein Sinn beschaffen, dann wird der Herr seine Handlung segnen, im Gegenteile aber verfluchen.

GS.2.84,10

Wer einen Fehler in sich als solchen erkennt und ablegt, dem ist er auch schon vergeben für immer, und wer sich darauf zu Mir kehrt, dem ist er doppelt vergeben! Wer aber einen Fehler wohl erkennt, ihn aber behält in seiner Natur, dem ist er nicht vergeben, und käme er auch hundert Male zu Mir!

GEJ.3.165,5

Solange ihr da seid Diener der Welt und eures Fleisches, so lange auch seid ihr ans Joch des knechtlichen
Gehorsams gespannt! Wenn ihr aber werdet Diener
Meiner Liebe sein, dann auch werdet ihr befreit sein
von jeglichem Joche und werdet eben dadurch sein
vollkommene Herren eures Lebens, denn die Liebe
wird und kann euch allein nur völlig frei machen.

HGt.2.137,13

Die Liebe ist der Urgrund und die Grundbedingung aller Dinge. Ohne Liebe wäre nie ein Ding erschaffen
worden, und ohne die Liebe wäre so wenig irgendein
Dasein denkbar. Also ist die Liebe der Grund von allem
und zugleich der Schlüssel zu allen Geheimnissen.

GS.2.80,11

Kümmere dich nicht weiter, als bloß nur um das, wozu
du berufen bist, so wirst du als ein rechtes Werkzeug
in der Hand des Vaters die rechten Dienste leisten.

GEJ.1.109,8

Willst du auf der Erde des Himmels Vollkommenstes
schauen, so schaue das Allergeringste an! Denn das
Höchste auf der Erde wird drüben das Unterste und
Elendeste sein. Hi.3.218,5

Wer Mich über alles liebt, der bringt Mir auch das
größte Opfer und den allerwohlgefälligsten Dank;
denn er opfert Mir gleich die ganze Welt. GEJ.3.112,3

Höre dich nur einen ganzen Tag selbst an, was alles aus
deinem Munde zum Vorschein kommt, und du wirst
daraus gar leicht und klar ersehen, wie viel des aller-
wertlosesten Zeuges dein Herz voll ist! Und solange
das Herz von solchem Zeuge nicht gereinigt ist, kann
von einer reinen Liebe zu Mir keine Rede sein! Hi.2.252,5

Wer noch reden kann in Meiner Gegenwart, der ist
noch ein Herr seines Herzens; wer aber in Meiner
Liebe Gegenwart nicht mehr reden kann, dessen Her-
zens bin Ich ein Herr geworden und erfülle es dann mit
Meiner Liebe und mit dem ewigen Leben aus ihr!
HGt.2.21,18

Nicht der Herr straft den Ungerechten, sondern solches tut der Ungerechte selbst; denn seine Tat hat sein
Herz erfüllt mit großer geheimer Furcht vor Gott, und
die Furcht ist dann der Schöpfer des Gerichtes und der
Strafe im eigenen Herzen. HGt.2.276,12

O Herr, Du bist gütig und voll der Erbarmung, und gnädig und voll von der größten Geduld; o Du ewiger, heiliger liebvollster Vater! Darum will ich loben Dich
allezeit bei Tag und Nacht. PuG.9

Bis jemand nicht die alleruntverste Stufe in allen Au-
ßeninteressen seines Herzens erreicht hat, wird er in
Mein Reich nicht eingehen können. Denn Ich habe Mir
selbst das Niedrigste erwählt! Hi.3.218,7

Gott will, dass sich die Menschen gleichfort und stets mehr und mehr die Liebetätigkeit angewöhnen sollen, um dereinst im anderen Leben aller Arbeit und Mühe fähig zu sein und in solcher Tätigkeit auch allein die wahre und höchste Seligkeit zu suchen und zu finden!

GEJ.1.50,7

Sehet, Ich bin einer, der da folgt der Liebe bis ans Ende aller Welten. Daher liebet und glaubet so werde Ich sein mitten unter euch und in euch was euch getreu verkünden wird der große Trost im Herzen. Hi.1.297,5

Ertraget euer Kreuz mit Geduld und sucht nie ein Glück dieser Welt; denn Glückskinder dieser Welt sind keine Gotteskinder. Was da herrlich ist in dieser Welt, das ist vor Gott ein Gräuel! Fürchtet euch vor nichts so sehr wie vor dem Weltglücke, denn dieses ist das größte Unglück für den Geist. JdS.80,1

Das Leben ist ein fortwährender Kampf. Daher lasse dir den Weltkampf nicht zum Grauen werden! Denn wenn du in Meiner Liebe bist, dann wirst du mit diesem Kampf wenig zu tun haben! Ich allein bin für all die Meinen der allmächtige Kämpfer in Ewigkeit. Hi.3.217,8

Wer da glaubet und liebet im Geiste und in der Wahrheit, der wird allezeit voll Freude und Dankbarkeit sein im Herzen, da er gar wohl im hellsten Lichte sehen wird, dass Ich sein ewiger, heiliger, liebevollster Vater, gewiss nur allezeit das Beste tue! Hi.1.345,9

Glaubet es mir, je größer jemandes Kreuz ist und je schwerer zu tragen, desto leichter und unfühlbarer wird sein Übertritt von dieser Welt der Materie in die des Geistes sein. Denn alles, was Christus nachfolgt, muss den Weg des Fleisches wandeln. Alles muss in Christus gekreuzigt werden und in Ihm sterben, ansonst es in Ihm und durch Ihn ewig zu keiner Erweckung und Auferstehung gelangen kann. JdS.81,3

Mir entgeht nichts, was da vorgehet in jemandes Herzen. GEJ.2.40,7

Wer da sucht mit seinen Augen in der Ferne herum und blickt das nicht an, was ihm am allernächsten ist, der wird schwerlich je etwas finden, und am allerwenigsten das, was er finden möchte und auch finden soll. HGt.2.117,13

Wenn der Geist Gottes, der die reinste Liebe ist, des Menschen geläuterte Seele völlig durchdringt, durchleuchtet und mit dem ewigen Leben erfüllt, dann wird sie mit Gott eins und dringt auch in die endlosen, ewigen Tiefen Gottes und kann sie begreifen. GEJ.10.140,11

Mich kann niemand lieben, so er nicht hat Meine Liebe. Meine Liebe aber kann niemand haben von anders woher denn von Mir. Wer aber Meine Liebe hat, der hat auch Mich, der Ich die ewige Liebe selbst bin. Hi.1.296,2

Die aber nach Meinem Worte leben und nach dessen innerer Wahrheit forschen, mit denen werde Ich reden durch das Verständnis ihrer Herzen und werde legen Meine Worte in ihr Gemüt. GEJ.6.55,14

Die ganze Natur und auch jede mögliche Verrichtung sowohl von Tieren als ganz besonders von Menschen kann ein Evangelium sein und durch seine Verhältnisse die wunderbarsten Dinge Meiner ewigen Ordnung zeigen und erschließen. GS.1.2,1

Eine Antwort des Herrn in des Menschen Herzen ist gewisserart schon sein Lebensanteil, während das äußere Wort erst durch die fortgesetzte Tat wegen der Übung der Seele zum Lebensanteil werden muss.

GEJ.2.62,9

Seid unbesorgt, es geschieht alles nur nach Meinem Willen! Keinem von euch wird je ein Haar gekrümmt werden. Daher seid fröhlich und voll guten Mutes! Denn Ich bin ja allezeit bei euch. Hi.1.80,2

Denke stets, dass Meine Gerichte allzeit gerecht sind und nur diejenigen treffen, welche sich derselben schon lange wohl verdient gemacht haben. Hi.1.56,5

Was immer ihr den Armen getan oder nicht getan habt, das galt Mir. GS.2.104,7

Sammle alle deine Liebe in eine Liebe zu Mir, deinem guten, heiligen, liebevollsten Vater, so wirst du zu einer großen Kraft gelangen, und in dieser Kraft erst, glaube es Mir, wird dir jeder gute Wunsch deines Herzens in die allerhöchste Erfüllung gehen.   Hi.2.62,2

Wer Mir des Geldes wegen dient, der dient Mir nicht aus Liebe; wer Mir aber nicht aus Liebe dient, dessen Dienst ist Mir fremd, wie Ich ihm ganz fremd sein muss, da er Mir nicht aus Liebe dient, mit ihm habe ich die Rechnung schon geschlossen.   GEJ.1.2,11

Was können wir Dir anderes, o Du heiliger Vater, wohl tun, als Dir ewig danken, Dich lieben, Dir dienen und Dich lobpreisen über alles! Und so sei denn unser nun so überseliges Leben ganz Dir geweiht und Dir, o lieber, heiliger Vater, ein ewiger Lobgesang. Wir aber wollen Dich preisen über alles in der stillen Glut unseres Herzens und im nimmermüden Tun unserer Liebe.   RBl.2.243,6

Ich aber bin nicht gekommen zum Nutzen des Leibes, sondern zum Nutzen der Seele des Menschen nur bin Ich in diese Welt gekommen, darum sollt ihr Mich auch vor allem nur um das bitten, was eurer Seele zum wahren, ewig währenden Nutzen gereicht.   GEJ.10.109,3

Hütet euch vor den Gütern und Schätzen dieser Welt; denn in ihnen ruht der arge Geist der Versuchung zu allen Sünden!   GEJ.9.210,2

Du hast wohl eine große Furcht vor der Hölle, weil du dich in deinem Gewissen ihrer wert fühlst und meinst, Gott werde dich da hineinwerfen wie einen Stein in einen Abgrund. Du bedenkst aber nicht, dass du nur deine eingebildete Hölle fürchtest, aber an der wirklichen ein großes Wohlgefallen hast und nicht heraus willst in der Fülle. BM.15,16

Wollt ihr Mich zum Gaste haben, so tuet, was dem Gaste behagt, so werde Ich einkehren. Bin Ich aber einmal eingetreten, dann lasset Mich ja nicht wieder gehen, und zeigte Ich Mich euch auch noch so genötigt! Und wahrlich, so ihr tun werdet, was des Rechtens ist, werde Ich bleiben in eurer Mitte jetzt und allezeit. Hi.1.298,13

Eine jede Seele nimmt nach dem Abfalle ihres Leibes nichts mit sich hinüber als ihre Liebe, der ihre Werke als Produkte ihres Willens nachfolgen. Hängt die Liebe der Seele aber an den toten Dingen dieser Welt so sehr, dass sie mit ihnen völlig eins geworden ist, so ist sie auch tot. GEJ.8.166,15

Meine Kinder sollen sich um nichts sorgen! Denn Ich habe den Unterdrückten und Notleidenden vieles zu geben, so sie nur zu Mir kommen wollen. Hi.1.22,9

Gott segnet allzeit der Frommen Güter, und wenn die rechte Zeit kommt, gedeihen sie. Hi.3.307,8

Wer nicht das Leben des Geistes unter dem Einfluss der Geister des Himmels durch Gehorsam und Demut vor dem allmächtigen Schöpfer in sich lebend gemacht hat, dessen Leben ist bloß ein materielles Leben und wird unterhalten von den Geistern der Materie, welche in ihn kommen durch Speise und Trank. Hi.1.59,10

Auf der Welt verhält sich alles verkehrt! Wo ihr viel Lebendigkeit sehet auf der Erde, da ist auch ebenso viel des Todes; wo ihr aber glaubt, es sei alles in einem ewigen Tod versunken, da herrscht zumeist des Lebens größte Fülle und eine unberechenbar eifrigste Tätigkeit desselben. Gg.1,38

Gott anbeten heißt: Ihn stets über alles lieben und den Nächsten wie sich selbst. Und Gott wahrhaft über alles lieben heißt: Seine Gebote treuest halten unter noch so misslich scheinenden Lebensverhältnissen. GEJ.9.37,7

Lehret die Menschen vor allem nur die Wahrheit, und ihr werdet sie frei machen in allem, das ihre Seelen gefangen hält, und ihr selbst werdet dabei die Wonne der größten Freiheit in euren Herzen empfinden und genießen! GEJ.10.68,14

Klage aber auch nicht über die Welt, sondern opfere alles Mir auf! Ich werde zur rechten Zeit alles so machen und gestalten, wie es am allerrechtesten sein wird. Hi.3.216,7

Ohne Kampf gibt es keinen Sieg! Wo das Höchste zu erreichen möglich ist, muss dafür auch die höchste Tätigkeit in den vollsten Anspruch genommen sein; um ein Extrem zu erreichen, muss man sich von einem entgegengesetzten Extrem zuvor loswinden. GEJ.3.178,5

Wo es auf der Erde bunt und lebendig zugeht, da sieht es im Geiste leer und tot aus; wo es aber auf der Erde aussieht, als hätte der Tod für alle Zeiten seine Ernte gehalten, da ist es im Geiste umso lebendiger und lebensvoller! Gg.11,32

Der Dank, den du wie eine große, das Herz verzehren wollende Flamme in dir empfindest, höre, dieser Dank ist dem Vater am wohlgefälligsten; bei dem bleibe allezeit und ewig, so wird Er dein Dankopfer sicher allezeit, wie ewig, Ihm wohlgefällig aufnehmen! HGt.2.184,6

Freue dich allzeit Meines Namens; freue dich deines Vaters, und freue dich über alles, was dich wie immer zu Mir erhebt! Freue dich in der Stille des Herzens! HGt.1.76,5

Seid offen und redet mit Mir im Vertrauen und in offener, freier Liebe! Und Mein altes Buch wird keinen Buchstaben haben, aus welchem euch nicht ein siebenfältiges Licht entgegenstrahlen wird. Und in eurem Herzen werdet ihr, mit großer Schrift enthüllt, das Geheimnis der großen Geisterwelt lesen. Hi.1.33,6

Selig sind zwar diejenigen, die da glauben, dass Er ist Christus als der wahrhaftige ewige Sohn des lebendigen Gottes. Aber diejenigen nur, die Ihn lieben über alles, werden in Ihm den heiligen Vater schauen; denn durch die Liebe erst werden wir zu wahrhaftigen Kindern Gottes! GS.1.9,13

Gehet nur öfter auf Berge und weilet recht gerne auf selben, da werdet ihr allzeit die Fülle des Segens der ewigen Liebe des heiligen Vaters erfahren! Gg.0,5

Was deine eigene Liebe will, das soll dir auch werden! Gott kann und will dir auch zum bessern Teile behilflich sein, aber nur, so du es willst. Willst du aber solche Hilfe nicht, so wird sie dir Gott auch nicht von selbst an den Rücken nachwerfen, und das darum nicht, weil du ein ganz freies und von Gott ganz unabhängiges Leben hast, das sich ganz frei bestimmen kann, wie es will. RBl.1.27,3

Alles muss durch das Wort offenbar oder entäußert werden; denn das Wort ist der eigentliche Richterstuhl Christi. GS.1.83,4

Selbst erleuchtet sein durch Meine Gnade ist ein großes und unschätzbares Glück für den Menschen; aber noch tausend Male schätzbarer ist es, mit seinem wahren Lebenslichte auch andere, die in der Finsternis wandeln, zu erleuchten, d.h., wenn sie das Licht annehmen wollen. GEJ.8.14,22

O Du mein allein ewig guter Gott und Heiland Jesus! Ich danke Dir ewig für alles, was Du an mir getan und was Du je über mich, wenn auch in einem noch so bitter zu tragenden Gewande, verhängt hast! Denn nun erst fange ich an, es einzusehen, dass das alles bloß Deine unberechenbar große Liebe zu mir getan hat!

RBl.1.146,6

Sammle dich in der Liebe zu Mir! Habe dabei wohl acht auf alle Gedanken in dieser Andachtszeit! Siehe, alle diese Gedanken werden Meine an dein Herz sanft, leise und stille gerichteten Worte sein!

Hi.2.25,13

Jede Vollkommenheit kommt von Mir und ist als eine Gabe Meines Geistes zu betrachten. Wer sie demütig und zum Nutzen seiner Brüder verwendet und nicht damit gieret nach Geld und Ehre der Welt, dem soll sie ein rechter Segen sein zeitlich und ewig!

Hi.2.335,9

Ein demütiges, Mich allzeit liebendes Herz ist Mir ein unschätzbar köstlicher Edelstein in der unendlichen Krone Meiner ewigen göttlichen Macht und Herrlichkeit und ist Mir auch wie ein Balsamtropfen in Mein liebeheißes Vaterherz gegossen, der Mich über die Maßen erquickt und die Freude Meiner ganzen unendlichen Gottheit ums für dich und vor dir Unaussprechliche erhöht.

GS.1.98,4

Nur eines tut Not, und dieses eine ist die wahre Liebe zu Mir! Alles andere gehört der Welt an und ist ein eitel nichtiges Zeug!

Hi.2.63,5

Über wen Ich noch allerlei Leiden und Trübsal zulasse, dem helfe Ich auch zur rechten Zeit; wen Ich aber sein irdisch stolzes und schwelgerisches Wohlleben fortgenießen lasse, der trägt sein Gericht und seinen ewigen Tod schon in sich. GEJ.9.29,13

Gott wird die Einung der Seele mit dem Geiste aus Ihm freilich wohl nicht mit Seiner Allmacht erzwingen, aber Er wird des Menschen Herz stets mehr erleuchten und es erfüllen mit wahrer Weisheit aus den Himmeln, und der Mensch wird dadurch geistig wachsen und kräftiger werden und wird alle Hindernisse, die sich ihm zu seiner größeren Probung noch irgendwo in den Weg stellen könnten, stets leichter und zuversichtlicher überwinden. GEJ.7.223,9

Mit der reinen Liebe zu Mir und aus der zum Nächsten kann ein jeder Mensch und Geist mit Mir alles ausrichten und von Mir auch alles haben; aber mit einer Art Gewalt oder Trotz ewig nichts. GEJ.10.53,12

Ich bin ein Herr nur denen, die da sind abtrünnig Meinen Worten und sich dennoch in aller Weisheit groß dünken. Denen aber, die ihr Herz mit aller Liebe erfüllt haben, bin Ich kein Herr, sondern ein allmächtiger Bruder nur und gebe ihnen als ein wahrster Vater alles, was Ich habe. BM.90,1

Seid nur heiter und fröhlich in euren Herzen! Denn Ich, euer Vater, sehe, was jedem vorderhand nottut, und gebe jedem so viel, als er leicht ertragen kann. Hi.1.61,3

Meine wahren Jünger und Ausbreiter Meiner reinen Lehre werden gleich Mir stets irdisch arm, aber darum geistig überreich sein; denn sie werden nicht nötig haben, Meine Lehre und Meine Worte von einem Vorgänger gewisserart durch ein langweiliges Erlernen sich zu eigen zu machen, sondern Ich werde ihnen Meine Lehre und Meinen Willen in ihr Herz und in ihren Mund legen. GEJ.8.14,4

Die Wiedergeburt des Geistes ist die einzige Bedingung dieses Erdenlebens, wie das Endziel alles freien Seins. Diese aber kann ohne den hinreichenden Wärmegrad Meiner Liebe in euch nicht erfolgen. Hi.2.65,11

Mit dem Wasser reinigt man den Leib und mit einem festen, guten und Gott in allem ergebenen Willen Herz und Seele. Und wie das reine, frische Wasser des Leibes Glieder stärkt, so stärkt ein gottergebener fester Wille das Herz und die Seele. GEJ.4.41,5

Wehe denen, die sich geben lassen, als ob sie es selbst nicht hätten; oder, so sie aus Eigenem leben könnten, dennoch von andern lieber nehmen wollen! Aber noch mehr wehe denen, die viel haben und doch nicht geben wollen denen, die nicht haben! Hi.2.300,16

Ich, dein guter, lieber Vater, bin auch ein gar sehr heiliger Vater! Jesus Jehova ist Mein Name! Baue, baue auf diesen Namen! Denn Er ist über alles mächtig und heilig, überheilig! In diesem Namen wirst du das ewige Leben finden! Hi.2.25,10

Habe in allen Dingen Meine Liebe und Meine Erbarmung unablässig vor Augen, so wirst du nie in eine Schwermut des Herzens geraten! Betrachte die Erscheinungen wie sie sind, aber nicht wie sie sein sollen - so wirst du dir ein reines Bild in deiner Seele hervorrufen und dein eigener Geist wird dir enthüllen, warum die Dinge also und nicht anders zum Vorscheine kommen.

Hi.2.101,18

Meine rechten Kinder müssen aus ihrer Schwäche stark werden!

GEJ.4.228,9

Die Liebe zum Herrn ist das Größte. Solange dein Herz mit der wahren Liebe zu Gott erfüllt sein wird, wirst du unfähig sein, in irgendeine Sünde zu verfallen. Wirst du aber in der Liebe nachlassen, so wirst du in dem alleinigen Glauben einen gar schwachen Schutz gegen die Macht der Sünde in dir haben!

HGt.2.215,6

O Kindchen! Es winkt dir in geistiger Fülle ein göttliches Leben aus Mir, deinem ewigen, heiligen, liebevollsten Vater! Betrachte die herrlichen Morgenstrahlen der ewigen himmlischen Sonne in dir, und du wirst es mit heiterstem Sinne im Herzen voll himmlischer Lust ja leichtlich gewahren, dass Ich dir gar nahe gekommen sein muss, da du solches schon ahnst und empfindest in dir!

Hi.2.175,2

Ich werde jedermann geben nach seinem Vertrauen und nach seinem Glauben, der stets eine Frucht der Liebe zu Mir und zum Nächsten ist.

GEJ.4.97,7

Jeder kann seines Glaubens und seiner Liebe leben. Es steht jedem frei, sich in jedem Augenblick an Gott zu wenden. Von des hängt es ab, ob er von Gott beaufsichtigt sein will oder nicht. Will er es, so will es auch Gott.

GEJ.1.92,13

Du musst nicht hadern mit dem Herrn, deinem Gotte! Denn siehe, es ist schon so Seine Art und Weise, dass Er gerade diejenigen, die Er liebt, recht starken Prüfungen aussetzt. Solches erkenne du in deinem Herzen und erwecke deine Liebe von neuem zu Ihm.   JJ.204,6

Es ist ganz gut, dass ihr die Zeit zur vielfachen Bereicherung eures Wissens und eurer Erfahrungen emsig verwendet. Aber alles das wird an sich eurer Seele wenig nützen. So ihr aber in der Folge die Zeit ebenso emsig der Liebe zum Nächsten opfert, dann wird euch ein einziger Tag schon von großem Nutzen für eure Seele sein.

GEJ.4.1,9

Bemühet euch, aus euren ‚Erholungsstunden‘ in stiller Ruhe und Zurückgezogenheit eures Gemütes Mir geweihte Stunden zu machen - so könnet ihr früh erfahren, wie überaus gut und voll Liebe Ich, euer Vater, bin.

Hi.1.295,19

Wer Mich liebt, der muss Mich lieben Meiner selbst willen, aber nicht der weltlichen Vorteile halber und Ich werde ihm darum geben Meine Liebe, welche da ist das wahre, ewige Leben; und alles, was Mein ist, wird auch sein sein.

Hi.2.94,13

Ich bin dir nie näher als gerade dann, so du Mich am entferntesten glaubst!   Hi.2.101,15

Ein jeder trägt den eigenen Himmel und die eigene Geisterwelt in sich, deren Form sich allezeit nach der Art der Liebe richten wird, die in ihm ist, und nach den Werken, die aus ihr hervorgegangen sind.   GS.2.124,16

Alle deine Sorgen und unnötigen, dich so manchmal beklemmenden Gedanken lege nur fein auf Meine Schultern, dann wird alles gut gehen, und wir werden allezeit zum rechten Ziele gelangen!   Hi.3.216,4

Ich weiß es allezeit am besten, wo jemanden der Schuh drückt, und bin auch ein sehr verlässiger Wegweiser. Mir sind alle Wege wohl bekannt. Und Ich bin der nächste und kürzeste Weg selbst! Wer darauf wandeln wird, der wird das rechte Ziel nicht verfehlen ewiglich! Denn wen Ich führe, der hat wahrlich einen sicheren Geleitsmann.   Hi.1.271,2

Wohl demjenigen, ja unendlichmal wohl, der auf der Erde sich die Liebe zum Herrn zum einzigen Bedürfnisse gemacht hat; denn der hat zur Vollendung des Lebens den kürzesten Weg eingeschlagen. Wer in sich auf der Erde die vollwahre Liebe zum Herrn trägt, der trägt auch die Vollendung des Lebens in sich.   GS.1.7,14

Eine wahre, lebendige Liebe zu Mir macht alles leicht, und kein Ding ist ihr unmöglich.   Hi.2.102,6

Um Gott wahrhaft lieben zu können, muss man Gott
stets mehr und mehr zu erkennen trachten. Wem daran nicht am meisten gelegen ist, der muss es sich am
Ende selbst zuschreiben, wenn bei ihm das innere Gefühl und Bewusstsein über das ewige Fortleben der
Seele nach des Leibes Tode nur ein höchst schwaches
ist und bleibt; denn dieses wahre Lebensgefühl ist eben
ja nur die Folge der wahren, lebendigen Liebe zu Gott
und daraus zum Nächsten. GEJ.6.75,9

Wäre es tunlich und deinem schwachen Leben erträglich, dass Ich deinen schwachen Augen enthüllen
könnte, wie nahe Ich um dich bin und wie Meine Sehnsucht, Mich dir völlig zu zeigen, bei weitem größer ist
als die deinige, Mich, deinen heiligen, liebevollsten Vater, zu sehen, dein Herz würde vor Liebe zerspringen
und du könntest keine Minute lang leben! Hi.2.47,3

Wo Ich große Buße verkünden lasse, da stehe Ich als
Richter vor der Türe. Wo Ich aber die Liebe predige, da
stehet der Vater vor der Türe! Wahrlich, wer Mich liebt
eines andern Zweckes willen und nicht im Grunde des
Grundes völlig Meiner selbst willen, der ist Meiner
Gnade nicht wert. Hi.2.180,4+8

Ein jeder Mensch, der viel Liebe hat, hat auch viel Geduld. Ich aber, habe die meiste, höchste und reinste
Liebe zu euch, und so habe Ich mit euch denn auch sicher die größte Geduld! Wer da in Mir verbleibt durch
seine Liebe zu Mir, in dem bleibe auch Ich, denn Ich
selbst bin da ja seine Liebe und Geduld. GEJ.9.152,11

So du haben wirst ein festes Herz in Meiner Liebe, dann wird dich auch sobald jedes Übel des Leibes verlassen. Daher sollst du aber auch nicht ein geteiltes Vertrauen auf Meine Hilfe setzen, so dich manchmal eine kleine Leibesübelkeit befällt. Denn Ich sage es dir, sie wird vergehen, sobald dein Herz fester wird in Meiner Liebe!

Hi.2.100,11

Gottes Kinder müssen alles ertragen können, alles erdulden. Ihre Kraft sei allein die Liebe zu Gott und die Liebe zu ihren Brüdern, ob sie gut oder böse sind. Wenn sie darin fest sind, dann sind sie vollkommen frei und fähig, in das Reich Gottes aufgenommen zu werden.

BM.68,21

Liebe Mich, bleib Mir treu, habe große Freude an Meinen alten und neuen Worten, suche Mich in der Liebe deines Herzens zu Mir, halte Meine leichten Gebote, fliehe die arge, arge Welt, komm zu Mir in dir, in deinem Herzen komme zu Mir, da Ich deiner harre für und für, so will Ich dich umfangen und will dich zum ewigen Leben an Meine Vaterbrust drücken also, als hätte Ich in der weiten Unendlichkeit niemanden als nur dich.

Hi.2.25,3

Wer Mich ernstlich suchen wird im Herzen und in der Tat nach Meinem Worte, der wird Mich auch finden und eine größte Freude haben, dass er Mich gefunden hat. Wer Mich aber einmal wird gefunden haben, der wird Mich auch nicht mehr verlieren.

GEJ.8.103,11

Wer sich selbst verleugnet, nicht seine Augen der Welt zuwendet und sein Herz an eitle Dinge hänget, sondern die wahre Liebe zum Vater in sich lebendigst erwecket, den ziehet der Vater und lehret im Verborgenen seinen Geist. Wer in solcher Liebe und Lehre getreu verbleibet, zu dem werde Ich als das lebendige Wort selbst kommen und werde ihn völlig erwecken.

Hi.2.170,4

Wer Gott wahrhaft über alles lieb hat, der kann keine Sünde gegen Gott begehen. Wer aber Gott wahrhaft über alles liebt und also durch die Liebe eins geworden ist mit Ihm, der wird auch seine Nebenmenschen als ihm ebenbürtige Kinder Gottes ebenso lieben, wie er sich selbst liebt, und wird ihnen das tun, was er mit klarer Vernunft will, dass die Menschen ihm tun möchten.

GEJ.7.28,8

Gottesliebe von Seiten des Menschen ist bedingt durch die Liebe zum Nächsten. Wer da sagt, dass es zur Seligkeit genüge, nur Gott allein über alles zu lieben, dabei aber vor seinem armen Nächsten Herz und Tür verschließt, der ist in größter Irre! Denn die Liebe zu Gott ist ohne die Liebe zum Nächsten ewig nicht denkbar und auch nicht möglich. Darum liebet eure Nächsten, weil sie, gleich wie ihr, Gottes Kinder sind, und ihr werdet dadurch auch Gott über alles lieben! GEJ.10.140,4

Niemand kann in seiner natürlichen Sphäre etwas erschauen, was er nicht ehedem in sich hat. Ste.37,8

Je größer die echte Gottähnlichkeit bei einem Menschen ist, desto mehr Segen und Gnade fließen ihm auch stets aus den Himmeln zu! Es geht einem solchen Menschen wie einer Sonne! Je mehr ihres Lichtes sie über den Erdboden ausströmen lässt, desto heller leuchtet sie auch in sich selbst.   GEJ.3.192,11

So du glaubest und Mich wahrhaft liebest in deinem Herzen und tust aus dieser wahren Liebe zu Mir nach Meinem Worte, so hast du Mich schon ganz, wenn auch in Rücksicht auf deine Wohlfahrt nicht sichtbar und laut vernehmbar, aber desto inniger im Herzen, in aller heiligen Liebesstille für deine ewige Wohlfahrt treulichst und unablässig sorgend!   Hi.2.47,5

Der Pfad zum wahren und lebendigen Reiche Gottes ist ein sehr schmaler und oft mit allerlei Dornengestrüppe überwachsener. Demut und vollste Selbstverleugnung ist sein Name. Für den Weltmenschen ist er völlig ungangbar.   GEJ.9.57,7

Ich werde im Geiste, im Worte und in der Wahrheit bei den Meinen verbleiben. Und die sich in großer Liebe zu Mir befinden werden, die werden Mich auch persönlich auf Augenblicke zu sehen bekommen. Die aber nach Meinem Worte leben und nach der inneren Wahrheit desselben sorglich forschen, mit denen werde Ich reden durch das Verständnis ihres Herzens und werde also legen Meine Worte in ihr Gemüt.

GEJ.8.55,15

Die erste Bedingung alles Seins ist und bleibt ewig die Liebe, wie Ich, als die ewige Liebe selbst, sie alle Menschen gelehrt und uranfänglich jedem Menschen für sich selbst in das Herz gelegt habe. So jemand diese wahre Liebe in seinem Herzen auszubilden sucht nach Meiner Lehre, der wandelt den vollkommen rechten Weg zur wahren Wiedergeburt seines Geistes. Hi.2.403,1

Ein Tropfen Mitleids bei jeder Gelegenheit ist besser denn ein ganzer Palast voll der besten und gestrengsten Gerechtigkeit! Denn das Mitleid bessert den Feind wie den Freund; aber die strengste und beste Gerechtigkeit machen den Gerechten stolz und hochmütig. JJ.138,10

Ich sehe eure Gebrechen und wähle die tauglichsten Mittel, euch zu helfen, zuerst geistig und dann auch leiblich, so das Geistige geordnet ist. So du aber das weißt, wie kannst du dann ängstlich sein?! Hi.2.413,8

Aus je mehr wahrer Nächstenliebe jemand seinem bedürftigen Nebenmenschen etwas tut, desto mehrfach wird ihm das Getane einst vergolten werden. Das merket euch alle wohl und tuet danach, so werdet ihr als wahrhaftige Kinder Gottes das ewige Leben haben und ewig seine unermesslichen Schätze ernten! GEJ.6.228,3

Weil du Mich am meisten liebst, so bist du Mir auch am nächsten. Hi.2.422,11

Das aber ist die Erlösung, dass erkannt werde der heilige Vater und die Liebe, die - die ganze Welt sühnend und wieder heiligend - am Kreuze blutete und selbst den Missetätern durch den letzten Lanzenstich ins Herz der ewigen Liebe die heilige Pforte zum Lichte und zum ewigen Leben öffnen ließ. Hi.3.18,29

Von der Welt ziehe deine Sinne und vorzüglich aber dein Herz zurück! Denn, glaube es Mir: Alle Welt ist ein gar nichtig Ding, und es ist vollernstlich nichts an ihr. Alles, was nur immer deinen Augen begegnet und dein Auge körperlich anzieht, ist eitel nichts mehr und nichts weniger als bloß nur eine fixierte Erscheinlichkeit, bestimmt zur Prüfung des unsterblichen Geistes für die kurze Zeit in welcher das Erdenleben des Menschen begriffen ist. Hi.2.47,7

Was du immer den Vater in Meinem Namen bitten wirst, wird Er dir geben unverzüglich, und suche vor allem Mein Reich, alles andere wird dir eine freie Zugabe werden. Hi.3.53,15

Wahrlich, mehr als eine Million Sonnen mit aller ihrer Herrlichkeit liebe Ich dich, da du Mich nur ein wenig liebst. Hi.2.253,2

Seid unbesorgt, es geschieht alles nur nach Meinem Willen! Keinem von euch wird je ein Haar gekrümmt werden. Daher seid fröhlich und voll guten Mutes! Denn Ich bin ja allezeit bei euch. Hi.1.80,2

Wer den Herrn wahrhaft liebt, hat wenig Grund zum Trauern; denn die Trauer ist im Grunde nur ein Schmerz über den Verlust einer Person oder eines Gegenstandes. So aber jemand den Herrn hat, was kann der wohl verlieren, was ihm einen Schmerz bereiten sollte?

GS.1.76,3

Sei von ganzem Herzen demütig, liebe Gott aus all deinen Lebenskräften über alles und erfülle in dem Seinen Willen, dass du deine Brüder und Schwestern liebest und achtest mehr denn dich selbst! Wenn du solches tust, so bist du ein Kind Gottes.

GS.2.59,15

O ihr Blinden, fraget die Steine, fraget das Gras, fraget die Luft, fraget das Wasser, ja fraget alles, was euch unterkommt, und alles wird euch den großen Gott verkünden und die unendlichen Wunder Seiner Liebe erzählen; nur ihr freien, ewig glückseligst leben sollenden Menschen konntet eures Schöpfers, eures unendlichen Wohltäters vergessen!

HGt.1.33,40

Tue, was du tust in Meinem Namen, und Meine Liebe sei die Triebfeder deiner Glieder, so wird im festen Vertrauen dir gar wohl gelingen jedes deiner Werke.

Hi.3.95,4

Der einzige und allein Mir teure und wertvoll angenehme Dank ist ein Mich über alles liebendes Herz.

GS.1.98,4

Klein zwar ist das Herz des Menschen, aber desto größer der Horizont seiner Gefühle, so jemand ist in der Kraft des Glaubens aus der reinen Liebe zu Mir. Hi.3.65,1

Dieses Erdenlebens Schein, o Bruder, ist nicht dein; doch wohnt im Schein ein großes Sein, daher traue nicht dem Scheine, sondern nütze dieser Erdenfackel matt Geflacker, dass du findest das wahre Sein. Hi.3.95,1

Suchet nicht das Wort im Sinne, sondern den Sinn im Worte, wollt ihr zur Wahrheit gelangen; denn im Geiste ist die Wahrheit, aber nicht in der Wahrheit der Geist. Hi.3.36

So du einen Trost suchest, dann, wie allezeit, komme du voll Liebe und Vertrauen zu Mir, deinem heiligen guten Vater, ja zu Mir, deinem Jesus, komme, und du wirst allzeit vollkommene tröstende Ruhe für dein leicht leidlich bewegbares Herz finden. Hi.3.125,2

Also ist es mit sehr vielen Menschen jetzt, wie es auch schon war mit seltenen Ausnahmen von Adams Zeiten her, dass ihnen einschläfernde Tröstungen lieber waren denn ein das innere Leben erweckender leichter Schmerz. Hi.3.125,1

So du aber willst mächtig sein und stark in Meiner Gnade, dann musst du nur segnen, wo gegen dich geflucht wird. Hi.3.83,11

Alle Menschen sind ja mehr oder weniger Sünder und sind ungerecht in ihren Urteilen. Willst du aber gerecht sein, so muss dich der Menschen Ungerechtigkeit nicht ärgern. Segne die Feinde und behalte die Freunde im Herzen, so wirst du Mir gleichen, der Ich am Kreuze die segnete, die Mich gekreuzigt haben!

Hi.3.214,3

Gehorsam und Demut ist die Nahrung der Seele zur Wiedergeburt des Geistes. Hi.3.50,5

Meine Lehre ist allezeit eine gar heilsame Lehre, wer sie befolgt, der wird niemals Not leiden und nie zu klagen haben. Befolge daher auch du genau Meine Lehre!

Hi.3.214,8

Im Herzen aber ruht die Liebe, als ein Geist, aus Meines Herzens Geist genommen. Dieser Geist hat aber, so wie Mein höchsteigener, ohnehin schon alles, was die Unendlichkeit vom Größten bis zum Kleinsten enthält, zahllosfältig in sich. RBl.2.279.5

Wenn ihr das Wesen der Liebe recht erfassen möchtet, wahrlich, bis in den Mittelpunkt der Erde gäbe es auch nicht ein sandkörnchengroßes Plätzchen, das sich euch nicht sobald als eine vollkommen enthüllte Welt darstellen möchte. Hi.3.137,1

Sei froh und heiter, denn Ich bin bei dir. Hi.2.414,13

Also geht es nun mit der Verheißung von Meinem tausendjährigen Reiche; man erwartet es materiell in Meiner persönlichen Gegenwart! Siehe, dieses Reich ist schon lange da im Geiste und im Herzen der guten Menschen.

Hi.3.224,2

Muss denn nicht ein jeder Mensch an seinem Fleische gekreuzigt werden, so er im Geiste lebendig werden soll.

Hi.3.275,2

Hänge nicht zu ängstlich an der Wohlfahrt deines Leibes, sondern sei stets volltrauig heiteren Herzens in Meinem Namen, so wirst du gesund sein zeitlich und ewig.

Hi.3.215,8

Alles ist gut, was Ich gebe; aber das Beste unter allen Meinen Gaben ist das Kreuz, denn in diesem keimt das wahre ewige Leben für Seele und Geist!

Hi.3.219,1

Was dich nur immer in der Welt anlächelt, das fliehe im Herzen; denn wo du nun auf der Welt hintrittst, Ich sage dir, da ist alles Maske, hinter welcher allerlei arges Geschmeiß steckt!

Hi.3.216,5

Niemand kommt so weit, dass er nicht noch weiter kommen könnte, niemand ist so vollkommen, dass er nicht noch vollkommener werden könnte, und niemand ist so glücklich, dass er nicht noch glücklicher zu werden vermöchte.

Hi.3.266,1

Willst du zur wahren Gesundheit gelangen wie des Geistes und so auch zeitlich des Leibes, so salbe dein Herz fleißig mit Meiner Liebe, Gnade und Erbarmung und räuchere deine Brust mit dem ewigen Weihrauch des lebendigen Volltrauens zu Mir, deinem ewig lebendigen allmächtigen Vater, dann wirst du zur wahren zeitlichen und ewigen Gesundheit gelangen! Hi.3.214,1

Jede Kirche ist schlecht, wenn sie das Heil nur in die Äußerlichkeit setzt und nicht bedenkt, dass Mein Reich nicht von dieser Welt, sondern von einer ganz anderen Welt ist, und dass die rechte Kirche nur im Menschenherzen und sonst nirgends anzutreffen ist, durch die allein, alles andere ausschließend, der Mensch zum ewigen Leben seines Geistes gelangen kann. Hi.3.254,2

Lasset euch das für allezeit geraten sein, dass ihr nicht zu gierig nach einer äußern Belehrung trachtet. Denn diese taugt für nichts, wenn sie der Geist nicht in der größten Demut aufnimmt und also gleich vollkommen sein ganzes Leben darnach einrichtet, was wohl für jeden Geist eine sehr schwere Aufgabe ist. RBl.1.60,10

Bleibe du in Gottes Wort und übe dich darin und beharre in deinem Berufe und lasse dich nicht beirren, wenn du die Kinder der Welt siehst nach allerlei Gut trachten. Hi.3.307,6

Es wird niemand verherrlicht werden eher von Mir, bevor nicht Ich durch ihn bin verherrlicht worden. Hi.3.81,2

Recht und fleißig handeln ist gut, aber sich übertrieben um etwas sorgen, das ist nicht recht; denn wer Mich kennt und liebt, der muss alle Sorgen auf Mich legen, denn die Sorge beschwert das Herz und drückt es da oft nieder, wo es sich zu Mir erheben soll. Hi.3.228,4

Womit aber jemand umgeht, darin wird er mit der Zeit auch klug. Wer mit der Welt umgeht, der wird mit der Zeit weltklug; aber fürs Gottesreich bleibt er ein Tor voll Blindheit. Wer aber vor allem mit Meinem Worte umgeht und danach tut, der wird klug in Meinem Reiche des ewigen Lebens. Hi.3.265,9

Eure Furcht und Ängstlichkeit aber sei euch ein sicherer Ansager, ob ihr Mir volltrauet oder nicht; denn jede Furcht und jede Angst ist eine Folge schwachen Glaubens und Vertrauens auf Mich. Hi.3.274,11

Willst du Mein Reich finden, da suche du den kommen sollenden Elias in dir, der da ist ein rechter Wandel nach Meinem Worte, dann wird Mein Reich schon kommen in aller Kraft und Herrlichkeit inwendig in dir selbst! Hi.3.225,3

Jeder selige Geist wird zwar stets alles haben, was er haben kann, vollkommen, aber dennoch dabei fortwährend auch einen ewigen Mangel, den er nie in aller Fülle wird ersättigen können. Es wird jeder vollkommene Geist Mir gleich sein, wie ein Bruder dem andern, aber dennoch ewig nie Meine Fülle erreichen. Hi.3.267,3

Ob einer viel weiß oder viel hat, ist eines; wenn er davon nicht den vollkommen rechten Gebrauch macht, so bleibt die Seele dennoch gleichfort arm. Hi.3.308,1

Ich gebe wohl jedem gern, um was er Mich gläubig und vertrauensvoll bittet; aber um sehr vieles lieber, was zur Heilung des Geistes gehört als zur Heilung des Fleisches. Wer da Mein Wort liest und lebt danach und hat einen starken, festen Glauben, dem wird das Wort durch seinen Glauben helfen. Hi.3.275,4

So Ich es zulasse, dass Arzneien eure Krankheiten heilen, so schwächt das euren Glauben an Mein Wort. Helfe Ich euch aber trotz der Schwäche eures Glaubens und Vertrauens bloß durchs Wort, da wäret ihr gerichtet und gefangen, und das im Geiste, aus welcher Gefangenschaft euch dann nur ein übergroßes Kreuz wieder befreien könnte. Hi.3.275,7

Tut, was ihr wollt; aber tut alles, was ihr tut, ganz und in Meinem Namen, so werdet ihr leicht zu einem erwünschten Ziele gelangen. Aber mit der Halbheit wird euch nirgends und niemals geholfen sein. Hi.3.278,22

Ich als die höchste Vollkommenheit wirke nur im Vollkommenen vollkommen, im Unvollkommenen aber wie die Sonne im Winter! Daher seid alle vollkommen in allem, wie auch Ich, euer Vater, vollkommen bin, so werdet ihr leicht überall Hilfe finden, so euch irgendetwas fehlt. Hi.3.278,23

Die Liebe ist wahrhaft derjenige Schlüssel, mittelst welchem jedermann sogar bis in das Zentrum Meines Herzens dringen kann. Hi.3.137,3

Wollt ihr in Zukunft die Gesundheit eures Leibes erzielen, so müsst ihr nicht so sehr auf ein passendes Mittel, sondern nur darauf sehen, dass euer lebendiges Volltrauen auf Mich es passend mache, dann wird jedes Mittel recht sein, bestehe es, worin es wolle. Hi.3.273,8

Vertraue du allein auf Gott und bleibe bei deinem Stande; denn es ist Gott ein gar leichtes, einen Armen geistig oder materiell reich zu machen. Hi.3.307,7

Es fehlet niemand, wer da trauert, doch wer Mich recht erkannt hat in seinem Herzen, der wird nimmerdar trauern. Hi.3.127,14

So viele bitten, die einen hin, die anderen her, so gewähre Ich allezeit die Bitte nur dem Teile, der mit der stärkeren Liebe zu Mir bittet. Die schwächer Bittenden aber sollen den Trost haben, dass Ich auch ihre Bitten in das Buch des Lebens zeichne und sie einst auch in aller Fülle werde gewähren lassen. Hi.3.286,3

Wer auf Mich baut und vertraut, dem soll kein Haar gekrümmt werden weder geistig noch leiblich. Alle aber, die auf ihre eigene Macht bauen und auf die Selbsthilfe vertrauen, werden untergehen. Hi.3.493,1

Der Mensch ist und bleibt der Selbstschöpfer seiner zeitlichen und seiner ewigen Schicksale. GEJ.7.52,30

Solange du Meine Liebe in dir eben dadurch sicher in dir fühlst, weil du Mich suchst und liebst, so lange wird sie dein getreuester Lebensleitstern sein. Was sonach dein Herz dir sagt, so es erfüllt ist mit Meiner wahren tätigen Liebe, das tue! Hi.3.313,7

Nur im Herzen gilt's die wahre Kirch' zu gründen, dort sollt ihr die wahre Lieb' zu Mir entzünden! PuG.40

Jede Arznei ist schwächer denn Mein Wort. Aber Mein Wort kann und darf da nicht allein wirken, weil euer Glaube noch viel zu schwach ist, was ihr gar leicht aus eurer großen Liebe zu dem irdischen Leben entnehmen könnt. Hi.3.276,8

Niemand aber kann etwas Gutes tun, außer er tut Meinen Willen, der allein gut ist. So aber jemand diesen kennt und tut nicht danach, der sündigt, weil er nicht tut Meinen Willen. Seid auch ihr emsig in der Ausübung Meines Willens, wollt ihr nicht sündigen vor Meinem Angesichte. Hi.3.436,8

Viele sind, welche die Natur mit ihren Augen angaffen, aber wenige, die sich selbst in derselben finden. Hi.1.173,35

Nichts schwächt den wahren Glauben so sehr wie ein Wunder, da es den ganzen Menschen aus dem Zustande der Freiheit gewaltsam herausreißt und ihn in den Zustand der unausweichlichen Nötigung versetzt, welche da ist ein Tod für den Geist. Und nichts stärkt den Glauben mehr als das Kreuz; denn nur durch Kreuz und Leiden dieser Welt wird der Glaube genährt und gestärkt.   Hi.3.279,24

Die Liebe zu Mir aber muss werktätig sein nach eines jeden Kraft und Vermögen, darum ist denn auch die Liebe zum Nächsten, Dürftigen gleich der Liebe zu Mir. Wer da sagt, dass er Mich liebe über alles, der liebt auch werktätig den Nächsten mehr denn sich, hilft ihm und zwar aus Liebe zu Mir aus der Not.   Hi.3.312,3

Immer und ewig seid ihr nichts in all eurer Weisheit! Ich aber bin alles in allem! Und ihr könnt alles sein in und durch Mich – in und durch euch selbst aber ewig nichts!   Hi.1.53,2

Wachset in der Liebe, so werdet ihr wachsen in allem! Denn die Liebe vergibt alles und die Liebe gibt alles!
                                                          Hi.1.238,34

Merket euch das: Die Gott liebhat und zu großen Dingen im Reiche der Geister bestimmt hat, die prüft Er auch mächtiger und stärker als irgendeinen anderen Menschen, den Er nur für kleine Dinge bestimmt hat.
                                                          GEJ.7.134,4

Wenn es dir wohl geht, so gedenke, dass es dir leicht wieder übel gehen kann; und geht es dir übel, so gedenke, dass es dir wieder wohl gehen kann, so wirst du nie übermütig und nie kleinmütig werden. Denn der Herr kann jedem leicht vergelten, entweder schon in diesem und ganz bestimmt aber im andern Leben jenseits des Grabes, wie ein Mensch es sich hier verdient hat. Hi.3.307,10

Die Wahrheit aber in allen Dingen ist das rechte Gottesreich, das den Geist des Menschen frei macht. Darum soll man dieses Reich vor allen Dingen auch ernstlich suchen; wer es aber flieht, der wird es sich am Ende nur selbst zuschreiben müssen, so er eine Beute des ewigen Todes wird. Hi.3.305,55

Wer aber in dieser Zeit das Gebot der Nächstenliebe nur lau betrachten und nicht in der Tiefe bei sich bedenken wird, wie schwer es dem Bruder fallen muss und wie elend der Schwester, die nichts haben und auch nirgends etwas zu bekommen wissen und nicht wissen, was sie morgen essen werden und womit ihren Leib bedecken, der wird zur Zeit des sehr nahen Gerichtes hart hergenommen werden! Hi.3.418,8

Das Leben der Seele kann dir weder ein Mensch und noch weniger ein schon abgeschiedener Geist zeigen und beweisen. Das musst du in dir selbst finden; und das ist nicht anders denkbar möglich als nur durch die wahre Liebe zu Gott und durch die Liebe zum Nächsten. GEJ.6.225,2

Wer die Gabe der Weissagung hat, hat sie nur dann, wenn er sie braucht, und wenn er allezeit Mich zuvor darum bittet; denn niemand kann weissagen denn Ich allein.

EM.70,16

Fürchte dich nicht, denn Ich bin bei dir und werde dich schützen und es wird dir nichts Arges begegnen. Es werden wohl noch gar arge Stürme kommen; aber wo Ich bin, werden sie nichts auszurichten imstande sein. Je heftiger aber irgendein Sturm auftritt, desto kürzer dauert er, dann aber kommt bald ein ganz anderer Wind!

Hi.3.424,3

O liebe, liebe, liebe den Vater; denn Er hat dich schon von Ewigkeiten zuvor geliebt, ehe du noch warst! Er ist die reinste, ewige Liebe Selbst, und deine Liebe ist Seine Liebe, lebendig machend deinen Geist in deinem Herzen; darum liebe, liebe, liebe Ihn, den guten heiligen Vater! Liebe deinen Gott, liebe deinen Schöpfer; denn Er ist heilig, heilig, heilig!

HGt.2.265,12

Alles, was da geschieht in der Außenwelt, geschieht unmöglich anders als nur einzig und allein durch Meinen Willen.

Hi.1.127,29

Die Liebe ist das rechte Ohr, welches allein Meine Vaterstimme gewinnt, kein anderes Ohr wird solches je vermögen.

GS.1.98,6

Der Mensch fange an, sich in allen sinnlichen Weltge-
lüsten zu verleugnen! Er werde voll Demut, Sanftmut,
Geduld, Liebe und Erbarmung gegen seinen Nebenmenschen, so wird er daraus auch voll Liebe zu Gott
werden! GEJ.7.103,9

Hättest du gekämpft, so hättest du auch gesiegt; weil
du aber den Kampf scheutest, so kannst du auch auf
den Lohn eines Siegers keinen Anspruch machen und
hast es dir selbst zuzuschreiben, dass du als ein Feig-
ling ohne Lohn vom Felde des Lebens abziehen musst.
GEJ.7.140,5

Der materielle Mensch muss aber durch seinen freien
Seelenwillen alle materiellen Bestrebungen in sich
gleichsam töten und vernichten. Er muss an nichts
Weltlichem mehr mit einer gewissen Liebe hängen.
Sein Streben muss sein: Gott stets mehr zu erkennen,
zu lieben und den ihm geoffenbarten Willen Gottes in
allem zu erfüllen, und sollte das der Seele und ihrem
Leibe noch so große Opfer kosten. GEJ.7.103,5

Solange aber noch die Erde besteht, ist es jedem Geiste
möglich den Weg der Reue, Demut und der Besserung
zu ergreifen, somit auch dem ärgsten Geiste. Wenn
aber die Zeit verrinnen wird, dann wird auch die Möglichkeit einer Zurückkehr auf ewige Zeiten verrammelt
sein. EM.55,8

Wer nach dem Worte nicht tätig wird, der stirbt für
ewig geistig und leiblich mit. Hi.3.264,3

Die weise Überwachung der im Menschenherzen vorkommenden Gedanken durch das geläuterte Licht des
Verstandes und der reinen Vernunft ist ja doch von der
höchsten Wichtigkeit, weil der Gedanke der Same zur
Tat ist. GEJ.7.36,2

Denket euch aber nicht, dass es etwas Derartiges gibt,
das die gewissen blinden Weltweisen ‚Bestimmung‘
nennen, als habe Gott schon für jeden Menschen bestimmt, was er in seinem kurzen oder längeren Leben
zu gewärtigen hat. Etwas Derartiges zu denken und zu
glauben kann der Seele den Tod bringen. GEJ.7.52,1

Die Bestimmung machen sich die Menschen selbst
durch die Verkehrtheit ihres freien Willens und
dadurch, dass sie nicht erwecken wollen alle die sieben
Lebensgeister in sich, wodurch sie auch nicht zu der
wahren Anschauung ihres innern, wahren und unvergänglichen Lebensschatzes kommen. GEJ.7.52,1

Was nur immer dem Geiste möglich ist zu denken, das
ist im Reiche der Geister auch vollkommen reell aus-
gebildet vorhanden, nur mit dem Unterschiede: bei
den unvollkommenen Geistern unvollkommen, bei den
vollkommenen aber vollkommen als Ebenmaß zu dem
Allervollkommensten im Herrn. GS.1.93,14

Bleibet voll Vertrauen auf Mich; möge sich die Zeit gestalten, wie sie will, so werde Ich euch nimmer verlassen, und euch soll nicht hungern, weder geistig noch
leiblich. Hi.2.324,9

Schwärme aber du in deiner reinen Liebe zu Gott nur immer also fort, wie du bis jetzt geschwärmt hast, so wird aus solch einer Schwärmerei einst eine große Wirklichkeit hervorgehen, über die sich dein Geist höchst erstaunen wird!   HGt.2.224,19

Es geschieht nichts in der geistigen Welt, was sich nicht entsprechend zugleich auch naturmäßig darstellen möchte. Und so geschieht ebenfalls auch in der gesamten Natur nichts ohne zureichenden entsprechenden geistigen Grund.   Hi.1.184,30

Du hast mich nie geliebt, sondern wolltest eigenliebig nur von mir geliebt sein, nur dein Bild wolltest du in mir verehren, während mein Bild in dir ein Gegenstand deiner Missachtung war.   GS.1.94,13

O Erde, was gibst du Mir! Wahrlich, deine Kinder sollen Meine Kinder sein! Ich will dich erheben, dass vor dir die Sonnen und Engel ihre Knie beugen sollen; und wenn Ich je zu dir kommen werde, da will Ich allezeit die Sünder suchen und haben mit ihnen eine große Erbarmung.   HGt.2.264,20

Alles, was da geschieht und geschehen soll, geschieht bedingungsweise, daher auch hinsichtlich des Geschehens nirgends eine feste, unabänderliche Voraussage geschehen kann; würde nämlich etwas bestimmt vorausgesagt werden, was da geschehen müsste, da wäre die Welt im tiefsten Gerichte, und alle Freiheit wäre verloren.   EM.71,1

Ein Mensch der keinen Schönheitssinn hat, der eigentlich eine Blüte der Wahrheit ist, der hat auch keinen Wahrheitssinn. GEJ.6.136,5

Wahrlich, wer ängstlich nach der Freundschaft der Welt trachtet, der verwirkt dadurch leicht die Freundschaft Gottes. GEJ.7.206,11

Wie Ich aber der ewige Urgrund und Träger von allen Wesen bin, so sind nun auch Meine Kinder in Mir selbst der Grundstoff von allem, was da nun erfüllet die Unendlichkeit für ewig! Wie aber in Mir Unendliches ist, also ist es auch in euch aus Mir; denn Meine Kinder sind die Kronen Meiner ewigen Ideen und großen Gedanken! BM.45,6

Wer bei Mir eine gute Bitte erhört haben will, der wallfahrte in sein Herz und trage Mir also ganz im Stillen seine Bitte mit ganz natürlichen und ungeschmückten Worten vor, und Ich werde ihn erhören. GEJ.6.123,11

Seid streng mit euren Gedanken! Ihr ruft mit einem Gedanken ein Heer gleichgesinnter, schlechter Geister der anderen Welt in eure Nähe, und während ihr glaubt, ihr hinget diesen Gedanken bloß nach, sind es diese Geister, die euch in ihr Netz zu verstricken trachten, die eure guten Eigenschaften zu vernichten streben, um dann den Entschluss zu einer bösen Tat zur Reife zu bringen, welche wieder unendliche Folgen für euch und andere Menschen und Geister hat. Pred.15,13

Gedanken, so klar wie rein ausgesprochene Worte, wirst du in deinem Herzen empfinden und wirst sie dann ganz leicht aussprechen im Munde. Darin liegt das Geheimnis Gottes im Menschenherzen.   GEJ.6.79,17

Die zahllosen Wunder, die da in eben für euch unermessbaren Räumen herumkreisen und bahnen, hat jeder Mensch in seinem Geiste ruhend verborgen; trachtet daher nur vor allem, dass euer Geist völlig erweckt werde, und ihr werdet das, was kein Auge je geschaut und kein Sinn je empfunden, in euch selbst in größter Klarheit allzeit schauen und durch alle anderen Sinne auch getreust empfinden können.   GEJ.3.175,8

Wir Geister wohnen so ganz eigentlich in unserer völlig eigenen Welt, ihr aber wohnet in Gottes Welt. Denn unsere Welt ist das Werk unserer Gedanken, Ideen, Begierden und unseres Willens; diese (eure) Welt aber ist das Werk der Liebe, der Gedanken, der Ideen und des Willens Gottes.   GEJ.7.219,10

Sehet, es liegt nichts daran, wie ein Ding sei im Raum und in der Zeit; aber es liegt alles daran, wie euer Leben ist außer beidem. Mit den Augen des Fleisches nehmet ihr wahr Dinge außer euch; mit den Augen der Seele in euch, und mit den Augen des Geistes schauet ihr aus dem Zentrum der Dinge und so auch eures Wesens. Aber erst durch den Hinzutritt Meines Geistes werden alle Dinge sprachfähig und lebendig durch und durch.   Hi.1.55,12

So denket denn auch, dass Ich nicht allezeit mit der Türe ins Haus falle, sondern auch warte vor der Türe! – Vernehme Ich, was Mir wohlgefällt, da kehre Ich ein, wo nicht, da lasse Ich im Staube nur Meine Tritte zurück!

Hi.1.298,12

Die Liebe zu unseren Brüdern und Schwestern ist der Anfang des inneren Lebens. Wer aber aus dieser Liebe in die Liebe zu Gott übergegangen ist, der ist auch vom Anfange seines Lebens übergegangen in die Fülle des göttlichen Lebens selbst.

NS.42,18

Das Auge des Geistes ist – euer Vorstellungsvermögen, euer Gefühl und die mit demselben lebendig verbundene Phantasie. Dieses Auge müsst ihr öffnen und in das weiße Licht des Geistes wenden, und in solcher Wendung eine Zeitlang euch ruhig verhalten; so werdet ihr das, mit eurem geistigen Auge ebenso gut zu schauen anfangen, als so ihr es schauen möchtet mit eurem Fleischesauge.

GS.2.44,15

Trachtet wohl, die geistige Welt der Gedanken im Zaume zu halten, trachtet nur so zu denken, wie es Meinen Kindern geziemt; denn der Gedanke ist der Bildner eurer Hülle diesseits und euer Abdruck für das Jenseits; dort kommt ihr an mit dem Resultat, welches die Gedanken auf eurer Erde zurückgelassen haben. Hier ist es euch und anderen verborgen; dort aber nicht; die Hülle von außen richtet sich nach dem Innern, und wie innen so der Ausdruck von außen. Lgh.117

Was in der Außenwelt tot ist gestaltet, das alles hast du zahllosfach lebendig in dir; daher strebe nach dem inneren Leben, da wirst du alles enthüllt finden, was je äußerlich dich berührte oder zuallermeist auch nicht berührte. Siehe, das ist die innere Welt Gottes, des ewigen, heiligen Vaters; in dieser kannst, sollst und wirst du ewig leben!

HGt.2.64,24

Welche Wonne und welche Seligkeit aber kann der auch in Ewigkeit gleichen: bei Ihm zu sein, an Seiner liebevollsten, väterlichen, allmächtigen Seite zu wandeln und Ihn aus allen Kräften lieben zu dürfen?!

HGt.2.224,13

Das Reich Gottes kommt nicht irgend mit äußerem Schaugepränge zum Menschen, sondern ist inwendig im Menschen. Sein Grundstein ist Christus, der einige und alleinige Gott und Herr des Himmels und der Erde, zeitlich und ewig im Raume wie in der Unendlichkeit. An den muss das Herz glauben, Ihn lieben über alles und den Nächsten wie sich selbst.

EM.70,2

Es gibt da viele, die sich beim Suchen des Reiches Gottes geradeso verhalten wie manche Zerstreute, die ihren Hut suchen, während sie ihn schon auf dem Kopfe haben.

EM.70,26

Mein Name allein wirkt nichts, sondern nur die Liebe in ihm, durch ihn und zu ihm, und daraus zum Nächsten.

GEJ.4.191,4

Sei versichert, die Welt ist stets die gleiche, ein liebendes Gemüt sieht nur Liebe, wo ein erbittertes Hass und Zwietracht findet. Nicht die Welt selbst, sondern den Spiegel derselben nur siehst du in deinem Herzen; reinige den Spiegel, und das Abbild Meiner Natur, die stets die gleiche bleibt, wird sich dir bald auch reiner zeigen.

Lgh.251

Wenn dich die Schätze der Erde gefangen halten, so dass du, um in ihren vollen Besitz zu gelangen, auch die erkannte Wahrheit verleugnen würdest, dann bist du in deiner Seele schon ein Besiegter von der Macht der Hölle und ihres Fürsten, der da heißt Lüge, Finsternis, das Gericht, das Verderben und der Tod.

GEJ.7.12,11

Wer Mich liebend im stillen ehrt und preist und erkennt dabei in aller Demut seine Geringheit und Mein Alles, der ehrt Mich wahrhaft im Geiste und in der Wahrheit vollkommen, und Ich habe ein großes Wohlgefallen an ihm, und es erzeugt das etwas ganz gering Scheinende eine große Wirkung. Wer Mich aber mit großem Weltgepränge, mit allerlei nichtiger Zeremonie und langen Gebeten und Gesängen ehrt und preist und dabei glaubt, dass Mir das wohlgefällt, der ist in einer großen Irre; denn derlei Preisung ist vor Mir ein Gräuel.

GEJ.8.95,5

Sei versichert, so du die Nacht in dir merkst, da bist du schon wach! Denn schliefest du, so würdest du wenig merken von der Nacht in dir, sondern würdest dir vielmehr einen blindesten Tag träumen; der Träumer aber weiß nicht, dass er schläft und träumt.

HGt.1.149.4

Das ist der Zweck der Religion, dass sich der Mensch mit Gott vereinigen soll, d.h. er soll keinen anderen Willen als Handlungsbeweggrund haben als allein den göttlichen.   NS.42,7

Der Geist hat in sich die Eigenschaft, das, was er in seiner Idee geschaffen hat, auch sogleich objektiv zu realisieren.   GS.2.111,11

So ihr selbst an Mich glaubet, so wird euch dieser Glaube die Kraft erteilen, dass ihr selbst das Unmögliche leicht werdet möglich machen können.   GEJ.10.191,9

Ich bedarf der Menschen nicht; aber die Menschen bedürfen Meiner! Wer Mich verlässt, der wird auch von Mir verlassen sein, und wer Mich nicht sucht, den werde Ich auch nicht suchen mit großem Eifer. GEJ.1.87,3

Was die wahre Liebe tut, das allein ist vor Gott wohlgetan; was aber da irgend pur nach dem Maße des Verstandes getan wird, das hat wenig Wert für den Nehmer und noch weniger für den Geber. Ich sage euch: Seliger ist es, zu geben als zu nehmen.   GEJ.7.1,17

Es wird darum auch nach Mir die Zeit anbrechen, in der durch Zeichen nicht mehr gewirkt wird, sondern nur durch das Wort, wie Ich es zu euch spreche, das weit mehr Glauben erweckt als zwingende Wunder.

GEJ.11.28,15

Es sind dem Menschen darum Traumgesichte gegeben, damit er durch sie in einem Verkehre mit der Welt der Geister minderer und höherer Art während seines diesirdischen Lebens verbleiben kann, je nachdem er in sich mehr oder weniger des wahren Himmels durch seine guten Werke nach dem Willen Gottes erbaut und eigentlich erschaffen hat. GEJ.8.18,8

Abba ist Mein Name! Also sollet ihr Mich allezeit in euerm Herzen rufen! Der Knecht hat einen Herrn; die Natur hat einen unerbittlichen Gott zum Schöpfer und zum Richter; vor Jehova muss alles vergehen, denn der Ewige und Unendliche duldet nichts in und außer sich denn Seine Heiligkeit ist unantastbar. Nur allein der Vater kennt Seine Kindlein, und diese sollen auch Ihn erkennen und rufen: Abba, lieber Vater! so wird Er sie allzeit hören und wird ihnen geben alles, was Er Selbst hat, nämlich das vollkommene, ewige Leben und alle endlosen Schätze desselben. HGt.2.156,2

Wer seine Brüder und Schwestern liebt, der lebt schon in ihren Herzen und sie in dem seinigen. Wer aber dann Gott liebt, der lebt in Gott und Gott in ihm! Liebet daher, damit ihr Gott lieben könnet, denn ohne die Bruder- und Schwesterliebe kann niemand Gott lieben! NS.42,19+25

Solange aber jemand in den Sünden steckt, ist er nicht fähig, in Mein Reich der Wahrheit aufgenommen zu werden, weil die Sünde stets in das Reich der Lüge und des Betruges gehört. GEJ.7.141,16

Ein Zeichen zu wirken, so dem Menschen dazu die Kraft verliehen ist, kann nur dann von einer wahrhaft guten Wirkung in Meiner Ordnung sein, wenn der ein Zeichen zu wirken fähige Mensch aus Liebe zum Nächsten es im Geheimen tut, um demselben in Meinem Namen zu nützen. GEJ.8.154,8

Richtet die Augen eures Gemütes in euer innerstes Liebelebensbewusstsein, da werdet ihr den Himmel erschauen, und zwar überall, auf welchem Punkte Meiner Schöpfungen ihr euch auch immer befinden möget, das wird stets gleich sein; denn die Gestalt des Himmels wird sich nach dem formen aus eurem Lebensgrunde, wie dieser nach Meinem Worte und durch eure guten Werke beschaffen sein wird. Erst durch solchen euren Himmel werdet ihr dann auch in Meinen ewigen und endlos großen Himmel gelangen. GEJ.8.18,3

Ich bin der Mensch aller Menschen, und ihr Menschen seid alle samt und sämtlich Meine Gedanken, also Mein Leben, weil die Gedanken, die freien Gedanken, das eigentliche Leben in Mir sind also, wie sie in euch es sind, indem ihr alle völlig nach Meinem Maße geschaffen seid! Als Meine ewigen Gedanken aber könnet ihr ja unmöglich jünger sein als Ich selbst. HGt.3.69,12

Ein Mensch, den das Wort zur vollen Bekehrung führt, ist ein viel größerer Gewinn für Mein Gottesreich denn tausend Menschen, die durch Zeichen und Wunderwerke Meine Lehre anzunehmen genötigt worden sind. GEJ.8.154,3

Wollt ihr aber bei jeder Gabe und edlen Tat erfahren, ob und wie Ich selbst daran ein Wohlgefallen habe, so sehet nur in das Antlitz dessen, dem ihr in Meinem Namen also Gutes erwiesen habt, und es wird euch den wahren Grund Meines Wohlgefallens klar und deutlich anzeigen.   GEJ.7.1,16

Dass du Mich aus allen deinen Kräften liebst, das wohl ist mir das angenehmste Lob! Denn nur durch die alleinige Liebe bin Ich als Vater für jene Geschöpfe, die Meine Kinder sind, erreichbar; durch die Weisheit aber ewig nicht.   RBl.1.43,13

Das Lebendige kann nur mit dem Lebendigen wieder Lebendiges zeugen, also kann auch das lebendige Wort nur im lebendigen Herzen wieder Früchte bringen.
                          Ste.4,23

Es ist dem Menschen, solange er auf dieser Erde als im Geiste noch nicht völlig wiedergeboren wandelt, eben nicht gar besonders zum Guten dienlich, wenn er um gar vieles weiß, und die ihm zu klar enthüllte Zukunft würde sein, noch zu wenig starkes Gemüt erdrücken und leicht zur Verzweiflung bringen.   GEJ.8.30,5

Also soll ja niemand einen Sünder hassen darob, dass er ein Sünder ist; ein jeder aber tut wohl und genug, so er allein die Sünde hasst und tatsächlich verabscheut! Die Liebe sei in allen Dingen das vorherrschendste Element des Lebens eines jeden Menschen.   GEJ.6.174,6+7

Im Reiche der Geister, die da rein sind vor Gott, werdet ihr auch für jedes eitel leere Wort Rechnung legen müssen und vor dem reinen Lichte der Wahrheit aus Gott zuschanden werden!

GEJ.6.76,21

Lass deine Sonne auch vor dem Herzen deiner Brüder und Schwestern leuchten, und du wirst dadurch auch allzeit Gott wohlgefällig sogar in der dichtesten Nacht der Erde am hellsten Tage in dir wandeln und handeln.

HGt.3.52,14

Ich aber bin das Leben der Seele durch Meinen Geist in ihr, und dieser heißt die Liebe zu Gott. Wer sonach Gott über alles liebt und darum auch allzeit Meinen Willen tut, dessen Seele ist von Meinem Geiste erfüllt, und dieser ist die Vollendung und das ewige Leben der Seele.

GEJ.7.127,7

Meine Gaben sind nur fürs Herz, nicht aber etwa vorerst für den Verstand bemessen! Wer da will sein Herz aber durch den Verstand wecken, der sei versichert, dass er es nur tötet. Denn schwächer ist wohl keine Liebe als die des Verstandes!

Hi.2.140,20

Alles in der Welt ist gerade das Gegenteil von dem, als was es sich dir darstellt; die alleinige Liebe nur, wenn sie aus des Herzens Grunde kommt, ist wahr und gerecht! Wo du Leben ohne Liebe erblickst, da ist kein Leben, sondern der Tod! Wo du aber ob der Ruhe der wahren Liebe den Tod wähnst, da ist Leben zu Hause und niemand kann dasselbe zerstören!

JJ.111,8

Meine Hand leitet dich und alle, die für Mein Reich zu arbeiten berufen sind, in so sanfter Art, dass sie glauben könnten, es geschähe nur aus eigenem Antriebe.

GEJ.11.40,9

Liebet, vertrauet und glaubet fest, denn darin liegt das große Geheimnis alles Gelingen für euch. Hi.3.69,2

Dass Ich allein der Weg, die Wahrheit und das Leben bin, das wird ein jeder in sich finden, der an Mich in aller Tat lebendig glaubt und also auch im Herzen zu Mir kommt; wer aber also zu Mir kommt, der kommt zum Vater, der in Mir wohnt und eins ist mit Mir. Wer aber nicht auf besagte Art zu Mir kommt, der kommt sicher auch nicht zum Vater, der die ewige Liebe ist. Hi.3.323,3

Nicht nach Erkenntnissen und nach Gelehrtheit und Weisheit soll der Mensch jagen, sondern in der wahren Liebe und Demut soll der Mensch des Herrn harren!

Ste.15,21

Wer aber ist derjenige, dem Mein Wille zu eigen wird vollkommen? Ich sage dir und euch allen: Derjenige ist es, der Mich liebt! Wer aber liebt Mich? Derjenige, der da tut Meinen Willen; wer aber tut nach Meinem Willen, der hat sich Meinen Willen zu eigen gemacht. Das aber ist ja die wahre Kindschaft, dass jeder ist in Meinem Willen und Mein Wille in ihm; und das ist die wahre, lebendige Frucht der reinen Liebe und das ewige Leben. HGt.2.89,18

Wenn man jemandem etwas anderes tun will, als was dessen Liebe verlangt, so hat man ihm keinen Liebesdienst erwiesen. GS.2.105,7

Ich sage dir, vor Mir bist du rein. Denn deine Liebe zu Mir bedeckt die Menge deiner irdischen Sünden! Was du aber noch irgend der Welt schuldig warst, – Ich müsste ein schlechter Freund sein, so Ich dir diese Schuld nicht abnähme und sie an deiner Statt nicht berichtigte! RBl.1.56,11

Die Liebe ist das einzige Gesetz alles Lebens, durch sie ist jedes Sein bedingt. Aber wer da liebt, liebt nicht. Wer aber nicht liebt, der ist es, der da liebt. Denn ein jeder Mensch hat ein Leben und hat kein Leben, und hat eine Liebe und hat keine Liebe. Daher lebt er nur, so er nicht lebt, und liebt, so er nicht liebt. Hi.2.234,7

Im Reiche Gottes gilt alles ganz allein dem Herzen nur! Das Auge aber ist nur ein Lichtzeuge von alledem, was da geschieht im Herzen, und was dargebracht wird dem Herzen vom Herzen. So ist auch das Wunderbare, was ich euch zeigen will, nicht für eure Augen, sondern lediglich für eure Herzen vorbereitet. BM.125,23

Alles auf der Welt kann dich töten, weil alles selbst in sich den Tod trägt, nur die alleinige Liebe nicht, so du sie bewahrst in ihrer Reinheit. Mischst du sie aber mit weltlichen Dingen, so wird sie schwer und kann dich auch töten, wie leiblich, also auch geistig. JJ.111,17

Betrachtet Meine Natur, sie ist die einzige wahre Vermittlerin zwischen Mir und euch; denn Ich bin ein Geist, als Geist euch nicht sichtbar, nur ahnen könnet ihr Mich, während Ich Meine eigene Liebessprache nur zu deutlich in alles Materielle gelegt habe, wo es dann nur an dem aufmerksamen Beobachter fehlt, der dieses Buch lesen und verstehen will. Sgh.115

Wenn Christus als die göttliche Weisheit selbst Werke der Liebe tun und lebendigst predigen musste und alle Seine Weisheit kreuzigen und in die größte Finsternis übergehen lassen musste, um dadurch vollkommen wieder einzugehen in die Herrlichkeit des Vaters, welcher die getrennte Liebe in Christus selbst war, so werden doch die Menschen ebenfalls diesen Weg wandeln müssen und werden Christus nachfolgen müssen, so sie mit Ihm in die Herrlichkeit Seiner väterlichen Liebe eingehen wollen. Ste.17,12

Das Gesetz ist an und für sich nichts anderes als der trockene Weg zur eigentlichen Liebe Gottes. Wer Gott in seinem Herzen zu lieben anfängt, der hat den Weg schon zurückgelegt; wer aber Gott durch die Haltung des Gesetzes liebt, der ist mit seiner Liebe noch immer ein Reisender auf dem Wege. GS.2.102,2

Wolle du nur das, was du als wahr erkennst, und handle danach auch der Wahrheit gemäß und nicht irgend aus weltlichen Gründen zum Scheine, so hast du dadurch die ganze Hölle und ihren Fürsten in dir besiegt!

GEJ.8.12,10

Solange jemand nicht den Herrn selbst ergreift, so lange kann er nicht zu Ihm kommen, und wenn er gleich wie ein Fels tausend Gesetze unveränderlich beobachtet hätte. Denn wer am Wege noch ist, der ist noch nicht beim Herrn, wer aber beim Herrn ist, was sollte der noch mit dem Wege zu schaffen haben?

GS.2.102,11

Das Gesetz ist nur eine Prüfung. Die Liebe steckt nicht im Gesetz, denn jeder der das Gesetz allein hält, hält dasselbe aus Eigenliebe, um sich dadurch mit seiner Tatkraft Meine Liebe und Meine Herrlichkeit zu verdienen. Der aber also das Gesetz hält, der ist noch fern von Meiner Liebe, denn seine Liebe hängt nicht an Mir, sondern am Lohne.

GS.2.101,17

Was du aber tust, das tue und gib mit viel Freuden; denn ein freundlicher Geber und Täter hat einen Doppelwert vor Gott und ist der geistigen Vollendung auch ums Doppelte näher!

GEJ.4.81,11

Das gerechte Leben ist nicht unser, sondern des Herrn, und ist eine Gnade! Wer da aus sich gerecht zu leben glaubt, der lebt vor Gott sicher am wenigsten gerecht; wer aber stets seine Schuld vor Gott bekennt, der ist es, der gerecht lebt vor Gott!

JJ.6,28

Wer da nur lästert, bekennt nichts als seine Ohnmacht. Hätte er Macht, würde er sogleich handeln und nimmer vergebliche Worte gebrauchen, die nichts als leerer Schall sind.

BM.126,8

So jemand sein Inneres außer Acht lassend, nur glaubt, die Lebensfülle in dem weit ausgedehnten Schöpfungsraume zu suchen, der hat seine Arme und Augen weit nach dem Tode ausgesteckt. Während Ich doch jeden durch die tägliche Erfahrung handgreiflich lehre, dass die Welt immer schöner und herrlicher wird, je weiter ihr euch von derselben entfernt befindet.

Hi.1.73,19

Nicht mit der Gabe nur werden die Werke der Nächstenliebe geübt, sondern vielmehr durch allerlei gute Werke und ehrliche und redliche Dienste, bei denen es am guten Willen natürlich nicht fehlen darf. Der gute Wille ist die Seele und das Leben eines guten Werkes; ohne den hätte auch das an und für sich beste Werk gar keinen Wert vor dem Richterstuhle Gottes.

GEJ.4.81,6

Betrachte die Eifersucht stets als eine Ausgeburt der Liebe und denke: wo Eifersucht ist, da ist auch Liebe! Besänftige diese mit Liebe, so wirst du aus der Eifersucht bald die glühendste Liebe zuwege bringen. Ich sage euch, wo sich keine Eifersucht zeigt, da ist auch keine Liebe!

BM.124,6

Ein jeder Mensch ist durch die Art seiner Liebe der Schöpfer seiner eigenen inneren Welt.

GS.2.119,13

Die Seele trägt als eine Welt im Kleinen alles in sich, was die Erde im großen Maße in und über sich enthält und fasst.

GEJ.8.135,3

Es gibt nirgends einen Himmel außer in euch, diesen müsst ihr selbst öffnen, wollt ihr in ihn eingehen.

BM.80,19

Ihr müsst in allem ganz Meine Jünger sein in Wort, Lehre und Tat, so ihr Mir Diener zur Ausbreitung Meines Reiches auf Erden werden und sein wollt! Wollt ihr aber das nicht, oder kommt das euch zu beschwerlich und zu unrichtig vor, so tut ihr alle besser, heimzukehren, Ich aber kann Mir auch aus Steinen Jünger ziehen.

GEJ.1.75,13

Das Leben wohnt im Inwendigen und der Tod im Auswendigen! Wer nach dem Leben strebt und lebendig wird, für den wird alles verklärt und lebendig. Denn wer das Leben hat, der haucht alle Dinge mit dem Leben an, und so werden sie dann lebendig vor ihm und durch ihn.

Hi.1.73,21

Menschenhilfe ist zu nichts nütze, denn alle Menschen sind nichts vor Gott! So aber Gott der Herr uns helfen will und auch allein nur helfen kann, da sollen wir uns gar nicht viel Mühens machen; denn es wird trotz alles unseres Mühens dennoch alles also geschehen, wie es der Herr will aber nie, wie wir es wollen!

JJ.32,21

Mir sind die Kinder am liebsten, welche sich mit dem Vater im Herzen einigen und dort lauschen, was Er ihnen zu tun gutheißt!

GEJ.11.58,7

O Mein Jesus! Du ewig allmächtiger Meister des Lebens, du heiliger, liebevollster Vater! Erbarme doch einmal Dich meiner und wecke in Liebe, in mir den zum Tode sich neigenden Geist, damit wieder ich fühlen doch möchte ein reichlicher werdendes Leben in mir.

PuG.18.10

Wer wohl auch Gott erkennt, Ihn über alles achtet und liebt und auch seinen Nächsten wie sich selbst, aber dabei die Welt dennoch auch achtet und fürchtet und sich nicht getraut, offen Meinen Namen zu bekennen, weil ihm das irgendeinen weltlichen Nachteil bringen könnte, der tut dem Reiche Gottes keine Gewalt an und wird es sogestaltig auf dieser Welt auch nicht völlig überkommen und dann jenseits noch manche Kämpfe zu bestehen haben, bis er vollendet wird. GEJ.7.127,6

Die Pforten Meiner Himmel habe Ich jetzt weit öffnen lassen. Wer immer herein will, der komme und komme bald und komme also gleich, denn es ist gekommen die große Zeit der Gnade, und das neue Jerusalem kommt zu euch allen hinab zur Erde, damit alle, die Mich lieben, darinnen Wohnung nehmen sollen. HGt.1.12,4

Halte dich nur an die Liebe und lass fahren alle Weisheit; denn es ist besser, am Tische der Liebe zu speisen denn beim Monde vom Steine der Weisen den spärlichen Tau zu lecken! GEJ.1.153,12

Hütet euch vor dem Verstande, so er anderswo herrührt als allein aus Meiner Liebe! Hi.1.34,14

Mein Name ist Jesus aus Nazareth, irdisch als Mensch, und Jehova von Ewigkeit; aber von nun an wird Jesus bleiben in Ewigkeit. In diesem Namen werdet ihr alles zu tun und zu bewirken imstande sein, nicht nur für zeitlich, sondern auch für ewig! GEJ.4.191,1

Morgen schon kann man deine Seele vom Leibe nehmen, und was wird sie dann von allem dem, was du nun noch dein nennst mit hinübernehmen? Ich sage da: Gar nichts als nur das, was sie in dieser Welt irgendjemandem wahrhaft Gutes erwiesen hat! GEJ.8.97,4

Die Begierde ist das Leben des Willens. Daher soll keiner erdrücken die Begierden in sich als den Funken der Liebe in Gott, aber nur keine falsche Richtung sollen dieselben nehmen. Die rechte Richtung derselben ist, Gott in seiner Liebe zu gewinnen trachten und danach alle Handlungen richten nach der Erkenntnis des allerhöchsten Willens in uns, der in aller Demut erhalten wird die Eigenliebe in uns durch das Gefühl ihrer Nichtigkeit und unbegreiflichen Schwäche in ihr. HGt.1.28,3-4

Es kann kein Mensch bei was immer eine Hilfe suchen, dass er nicht zuvor glaubete und dann dasselbe mit seinem Gemüte liebend und vertrauend umfassete. Hi.1.382,29

Wer zu Mir will, der komme, und er wird Mich allzeit zu Hause antreffen, und zwar gerade also, wie wenn Ich nichts zu tun hätte, als dem Mich Suchenden allein zu dienen. Hi.1.385,46

Die Weisen und Verständigen der Welt werden an Mir allzeit die größte Not finden und werden sich gewaltig an Mir stoßen! Aber die Kinder werden mit ihrem Vater spielen, und es wird das Spielzeug dem Vater angenehmer sein allzeit und ewig denn alle wenn auch noch so abgemessene Weisheit der sonst überaus trockenen Weisen der Welt! HGt.1.140,9

Um im Herzen denken zu können, muss man eine eigene Übung haben, diese besteht in der stets erneuerten Erweckung der Liebe zu Gott. Durch diese Erweckung wird das Herz gestärkt und erweitert, wodurch dann des Geistes Bande lockerer werden, so dass sein Licht sich stets mehr und freier entwickeln kann. RBl.1.35,6

Wer die Welt bekämpfen will, der muss sie mit heimlichen Waffen bekämpfen, und diese Waffen sind Meine Liebe und Mein Friede in euch! Jeder aber muss zuerst mit diesen Waffen die eigene Welt in sich besiegen, dann erst wird er eben diese Waffen allzeit siegreich gegen die Außenwelt gebrauchen können. Wahrlich, wer nicht innerlich ein Meister der Welt ist, der wird es äußerlich umso weniger werden! Ste.35,22-23

Mit der Liebe, Sanftmut und Geduld kommet ihr überall fort, so ihr aber die Menschen, die trotz ihrer Blindheit am Ende dennoch eure Brüder sind, richtet und verurteilt, so werdet ihr statt des Segens des Evangeliums nur Fluch und Zwietracht streuen unter die Menschen auf dem Erdboden! GEJ.1.75,12

Darin liegt das große Geheimnis der Selbstgestaltung des Menschen! Alles kann Ich dem Menschen tun, und er bleibt Mensch; aber das Herz ist sein eigen, das er vollkommen selbst bearbeiten muss, so er das ewige Leben sich selbst bereiten will. GEJ.2.75,07

Bedenket wohl, was es heißt, ein Kind des allerhöchsten Gottes zu sein, und welch eine allergrößte, ungerichtetste und unangetastetste Willensfreiheitsprobe dazu erforderlich wird, auf dass die Seele eins wird mit Meinem Geiste in euch, wodurch allein ihr dann erst vollkommen Meine Kinder werden könnet. GEJ.5.113,7

Die Menschen dieser Erde rief Ich aus dem Zentrum Meines Herzens hervor und schuf sie vollkommen nach Meinem Ebenbilde, und sie sollten nicht nur Meine Geschöpfe, sondern Meine lieben Kinder sein, die Mich nicht als Gott und Schöpfer, sondern nur als ihren lieben guten Vater erkennen sollen. HGt.1.3,3

Es ist schon von Ewigkeit her von Gott so verordnet, dass kein Geist und keine Menschenseele ohne eine entsprechende Tätigkeit je zum Lichte gelangen kann. GEJ.9.142,3

Wer Gott nicht in aller Liebe, Sanftmut, Demut, Geduld und vollster Selbstverleugnung sucht, der findet Ihn, als das höchste Lebensgut, nicht; und wer Gott nicht so sucht und findet, der hat von Ihm auch eine außerordentliche Hilfe nicht zu erwarten. GEJ.10.97,6

Gott tut niemandem einen Zwang an. Daher wird aber auch jedem nur das zuteil, was er selbst will. Was du demnach willst, das wirst du auch empfangen. RBl.1.126,4

Der allerhöchste Seligkeitsgrad einer vollendeten Seele aber besteht darin, dass sie Gott, den alleinigen Herrn und Schöpfer der Unendlichkeit, als ihren höchsten Lebensfreund fort und fort um sich haben, Ihn ohne alles Maß und ohne alle Grenzen lieben und mit Ihm in einem Augenblick die ganze geistige und materielle Schöpfung übersehen kann. GEJ.7.67,3

Wer Mich wahrhaft lieben und Meine Gebote halten wird, zu dem werde Ich kommen und Mich ihm offenbaren, und es wird sich dann ein jeder überzeugen können, dass er sich nicht als Waise in der Welt befindet. Wem Ich Mich aber so offenbaren werde, der behalte das nicht für sich, sondern teile solchen Trost auch seinen Brüdern mit, auf dass auch sie getröstet und gestärkt werden. GEJ.9.74,15

Wahrlich, wahrlich, du kannst Mich weder in Meiner Erhabenheit noch in Meiner Macht und Kraft ewig je erkennen, wohl aber in Meiner Erbarmung und wahrhaftigsten Vaterliebe. HGt.2.250,7

Wessen leiblich Auge blind ist, dem steht noch die Sehe des Geistes offen, wer aber erblindet am Geiste, der bleibt blind ewiglich. HGt.1.1,7

Es gibt kein Leben und keine Seligkeit außer in der reinen Gottesliebe. Wer diese in sich aufgenommen hat und selbst das will, was diese heilige Liebe will, der lebt und ist selig für ewig.

RBl.1.126,5

Den Kranken aber sage: sie sollen sich in ihrer Krankheit nicht betrüben, sondern sollen sich ernstlich an Mich wenden und sollen Mir ganz trauen. Ich werde sie trösten, und ein Strom des köstlichen Balsams wird sich in ihr Herz ergießen, und des ewigen Lebens Quelle wird unversiegbar in ihnen offenbar werden, sie werden genesen und werden erquickt werden wie das Gras nach einem Gewitterregen.

HGt.1.1,3

In Fragen und Antworten besteht das heilige Reich des Messias nicht, sondern allein nur in der Geduld, Liebe, Sanftmut und in der völligen Ergebung in den göttlichen Willen. Wann es der Herr aber für gut befinden wird für dich, dann auch wird Er dich in die höhere Offenbarung leiten.

JJ.146,6-9

Vergeltet nie Böses mit Bösem, so ihr alle gut werden wollet! So ihr aber die richten und strafen werdet, die sich an euch versündigten, da werdet ihr am Ende alle böse, und wird in keinem mehr sein eine rechte Liebe und irgendetwas Gutes!

GEJ.1.74,14

Immer und ewig seid ihr nichts in all eurer Weisheit! Ich aber bin alles in allem! Und ihr könnt alles sein in und durch Mich – in und durch euch selbst aber ewig nichts!

Hi.1.53,2

Niemand kommt weder in die Hölle noch in den Himmel, sondern ein jeder trägt beides in sich. Es gibt nirgends einen Ort, der Himmel oder Hölle heißt, sondern alles das ist ein jeder Mensch selbst; und niemand wird je in einen andern Himmel oder eine andere Hölle gelangen, als die er in sich trägt.

GS.2.118,10-12

Wer also die Liebe zu Mir erweckt, der erweckt seinen von Mir ihm gegebenen Geist, und da dieser Geist Ich Selbst bin und sein muss, weil es außer Mir ewig keinen andern Lebensgeist gibt, so erweckt er dadurch eben Mich Selbst in sich und ist dadurch ins ewige Leben vollauf eingeboren und kann dann hinfort ewig nimmer sterben und ewig nimmer vernichtet werden.

GEJ.2.41,5

Wer eine geringer scheinende Gabe nicht ehrt, der ist auch keiner größeren wert. Sowie Ich etwas Übergroßes zu tun scheine, da ist die Wirkung aus wohl weisen Gründen eine mindere, wo Ich aber kaum merkbar etwas zu tun scheine, da ist die Wirkung eine endlos große und unverwüstliche. Daher könntet ihr sagen: Ich bin im Großen klein, aber im Kleinsten endlos groß!

GEJ.8.95,1

Wer da nun weiß und glaubt, dass Ich der verheißene Messias bin, der muss auch das tun, was Ich lehre, gelehrt habe und noch fürder lehren werde, ansonst ist er Meiner nicht wert und Ich werde ihm bei der Ausbildung seines inneren Lebens nicht absonderlich behilflich sein.

GEJ.7.127,7

So du dich selbst vollkommen erkennen wirst, wirst du auch alles erkennen, was sich da befindet außer dir; da sich außer dir nichts befinden kann, das nicht schon lange in dir vorhanden gewesen wäre.   BM.45,5

Darum achtet auch ihr auf Meine oft gering scheinenden Worte, denn eben in diesen Worten gebe Ich euch mehr des Liebelebens aus Mir, als so Ich euch eine ganze Welt in Atome zerlegte. Von Meiner endlosesten Weisheit und Macht könnet ihr nur einzelne Tröpflein einschlürfen, aber aus dem Lebensborne Meiner Vaterliebe könnet ihr allzeit Ströme in euch schlürfen.
                                        GEJ.8.95,4

Siehe, das was wir Liebe nennen, ist die eigentliche Lebenskraft des Menschen! Je stärker seine Liebe ist, desto stärker ist auch sein Leben.   HGt.3.175,12

Siehe, Gehorsam ist der Weg in die wahre, lebendige Kirche, welche ist Mein lebendiges Wort, geschrieben und ausgesprochen in jedes Menschen und Engels Herz.   Hi.1.224,8

Gott, der da ist unser aller Vater Jesus, ist die reinste Liebe, die niemanden richtet und jeden seligst machen will. Aber nur muss der Mensch auch das wollen, was Gottes reinste Liebe will, sonst kann er nicht selig werden.   RBl.1.126,4

Wohl wisset ihr vieles, was Millionen nicht einmal zu ahnen vermögen, aber darum seid ihr nicht um ein Haar besser als jene, die von alledem keine Ahnung haben, was bei euch schon ein erfahrungsreiches Wissen, ja manchmal sogar ein förmliches Schauen geworden ist, aber so ihr mit eurem Wissen auch die rechte Demut vereiniget, dann wird euch freilich das tiefe Wissen im Bereiche des rein Geistigen von einem unberechenbaren großen Nutzen sein.   Hi.3.478,38

Ich bin die Liebe selbst und bin durchgehends um keinen andern Preis als nur wieder um Liebe zu haben. Durch Liebe habe Ich euch erkauft, daher fordere Ich von euch allen wieder Liebe. Wer Mir aber dienen will, der diene Mir in der Liebe, in der Ich für ihn am Kreuze gestorben bin, und wer zu Mir kommen will, der komme in der Liebe zu Mir, die am Kreuze für ihn blutete.   HGt.1.2,11

Ich bin euer Vater, bin aber auch euer Gott, und außer Mir ist keiner mehr. Wollet ihr Mich als Vater - oder als Gott? Eure Taten werden Mir die entscheidende Antwort geben.   HGt.1.3,5

Der Mensch ist der eigentliche Grund und das Endziel der gesamten Schöpfung. Er ist das endlich zu gewinnende Produkt all der Vormühen Gottes. Und weil eben der Mensch das ist, was Gott durch alle die Vorschöpfungen erreichen wollte und auch erreicht hat, so entspricht auch alles in den Himmeln und auf allen Weltkörpern in allem dem Menschen.   GEJ.2.222,4-5

Wer Jesum erkennen will, der muss Ihn lieben. Wer aber Jesum liebt, der hat ihn auch lebendig in sich.

RBl.2.221,6

So du dem, der dir einen Dienst erwiesen hat, den verheißenen Lohn vorenthältst, so begehst du eine größere Sünde, als so du jemanden bestohlen hättest.

GEJ.5.137,12

Der rechte und wahre Mensch ist ein wahrer Tempel der Wahrheit. Im Herzen ist ihr Sitz. Wenn ein Mensch die Wahrheit sucht, so muss er sie in sich suchen und nicht außer sich, denn die Wahrheit ist das Leben, und das Leben ist die Liebe. Wer da Liebe hat ohne Falsch zu Gott und zum Nächsten, der hat auch das Leben, und dieses Leben ist die Wahrheit und wohnt im Menschen.

GEJ.7.117,1-2

Die Menschen sind die Lust Gottes, wenn sie in Seiner Ordnung das werden, was zu werden sie bestimmt sind. In ihnen findet Gott Seinesgleichen wieder, und ihr stetes Wachsen an Erkenntnissen aller Art und dadurch in aller Liebe, Weisheit und Schönheit, ist Gottes unverwüstbare Lust und Seligkeit!

GEJ.2.6,5

Seid also alle voll des Willens zum Guten, so wird man es mit dem Werke so genau nicht nehmen, da ein guter Wille schon als ein Werk des Geistes betrachtet wird.

BM.68,28

Siehe, das Wissen wird dir ewig nichts nützen zum Leben, aber so du handeln wirst nach der Wahrheit, so wirst du das Zeugnis der Wahrheit finden, und es wird sein das Zeugnis der Liebe - und die Liebe das ewige Leben in Gott! HGt.1.71,34

Mein Reich, das Ich nun gründe unter den Menschen auf dieser Erde, ist kein Weltreich, sondern ein Gottesreich ohne alles Weltgepränge, hat nichts Äußeres, sondern ist inwendig im Menschen, und Meine feste Stadt und Wohnburg in ihr ist ein reines, Mich über alles liebendes Herz. Siehe, so verhält es sich mit der Gründung Meines Reiches auf dieser Erde. GEJ.10.73,8

Ich selbst bin das Licht allenthalben! Das Licht ist Mein Gewand, darum, weil die ewige, unermüdlichste Tätigkeit mein Grundwesen ist und Mich sonach allenthalben durchdringt und umgibt. BM.47,8

Für den allein, der in sich durch und durch selbst Wahrheit ist, ist auch alles Wahrheit, für den aber, der in sich das nicht ist, ist ja auch notwendig alles andere nur das, was er selbst vorderhand ist. GEJ.2.198,7

Bleibe in der reinen, uneigennützigen Liebe, liebe den einen Gott als deinen Vater und Schöpfer über alles und die Menschen als deine Brüder wie dich selbst, so wirst du das ewige Leben haben in solcher deiner Liebe. JJ.111,18

Wie Ich selbst nur durch Meine allerunbeschränkteste
Willensfreiheit und Macht Gott bin von Ewigkeit zu
Ewigkeit, ebenso müssen es auch die Kinder Meiner
Liebe werden für ewig.   GEJ.3.177,8

Um die Weisheit zu fassen, muss man selbst ein mehr
oder weniger Weiser sein.   GEJ.3.18,14

Solange du noch auch nur mit einem allerkleinsten
Fünkchen eigener Weisheit prunken möchtest, kannst
du nicht in Meine Weisheit eingehen.   HGt.3.66,7

Es steht einem jeden Menschen frei, sich in jedem Augenblick an Gott zu wenden und Ihn um Beistand anzuflehen, und Gott wird Sein Antlitz zu dem Flehenden
wenden und wird ihm helfen aus jeglicher Not! Es
hängt alles von dessen freiestem Wollen und Handeln
ab, ob er von Gott beaufsichtigt und geführt sein will
oder nicht! Will es der Mensch, so wird es auch Gott
wollen; will es aber der Mensch nicht, so ist er völlig
frei von Gott aus, und Gott kümmert Sich weiter auch
nicht um ihn.   GEJ.1.92,13+15

Ohne Mich könnet ihr niemals etwas wahrhaft Verdienstliches zum ewigen Leben eurer Seele wirken.
Aber dennoch muss zuvor ein jeder so viel tun, als er
aus seinem freien Willen heraus kann, alles andere
werde dann schon Ich ganz sicher und zuverlässlich
tun.   GEJ.8.151,3

Ich habe Freude an jedem, der Freude hat an Mir. Und Ich habe des Wassers in großer Menge, zu geben denen, die danach dürsten. Und Meine Gnade ist ebenso breit als lang, und ist nirgends anzutreffen ein schmalerer Teil.

Hi.1.11,2

Gott, der Herr Himmels und dieser Erde hat einem jeden nach der Wahrheit strebenden Menschen ein Gefühl in sein Herz gelegt, das die Wahrheit noch viel eher erkennt und erfasst als ein noch so durchgebildeter Verstand. In diesem Gefühle weilt auch die Liebe zur Wahrheit.

GEJ.5.177,5-6

Nur wenn ein Mensch Gott aus dem freien Willen des Herzens sucht und Ihn bittet, so wird Gott auch dem Bitten und Suchen des Menschen allzeit auf dem kürzesten Weg entgegenkommen, vorausgesetzt, dass es dem Menschen mit seinem Suchen und Bitten ein vollkommener Ernst ist. Sucht und bittet aber der Mensch nur versuchsweise, um sich zu überzeugen, ob an Gott und an diesen Verheißungen etwas ist, so wird er von Gott auch nicht erhört werden.

GEJ.1.92,15-16

Wer Mein Wort und Meine Lehre hat und tut festwillig danach, der muss sein Ziel erreichen, und nichts kann ihn daran hindern. Aber wer da wohl etwas nach Meinem Worte und daneben aber auch das tut, was die lose Welt begehrt, der gleicht einem Menschen, der einen halben Weg an einen Ort hin macht, so er aber kommt auf den halben Weg, gleichfort umkehrt und den schon begangenen Weg wieder zurückmacht.

GEJ.4.199,12

Der Mensch wird zwar nur durch Gott und in Gott selig, aber nur insoweit, als er durch sein eigenes Wollen den Willen Gottes zu dem seinigen gemacht hat und in seinem Selbstbewusstsein gewisserart eins mit Gott geworden ist. GEJ.7.62,9

Gar seltsam sind des Herrn Wege, ihre Zahl heißt Unendlichkeit. Und jeder Weg, den der Herr mit einem Menschen einschlägt, ist ein neues, selbst für den tiefsinnigsten Cherub unerforschliches Wunder und heilig unter jeder noch so sonderbaren Erscheinung. BM.73,4

Wer das göttliche Wort vernimmt, folgt aber demselben nicht, der gibt ein falsches Zeugnis. Wenn er auch die reinste göttliche Wahrheit, das reine Wort des Evangeliums reden möchte, so lügt er aber doch und gibt dem Herrn ein falsches Zeugnis, weil er nicht nach dem Worte und nach der Wahrheit handelt. GS.2.86,17

Seht, so will es der Herr, der da voll Liebe ist, dass der Mensch Ihn liebe aus allen seinen Kräften, denn es besteht nirgends irgendeine Macht oder Kraft außer in Gott. Und so ist alle Kraft im Menschen nur eine Kraft der Liebe aus Gott, und diese Kraft ist gelegt in unser Herz, und diese Kraft ist keine andere als die Liebe selbst. Da wir nun aber die Liebe haben, so sollen wir sie nicht behalten, sondern sie opfern dem, der sie uns auf eine so wunderbare Art unserem Herzen aus Seiner Gnade überschwänglich eingelegt hat. HGt.1.41,23

Ein rechtes Kind ist heiter, dankbar und zufrieden mit jeder Gabe, die es empfängt aus den Händen des guten Vaters und hat kein Bedürfnis über das Empfangene hinaus, da es weiß, dass der Vater ihm allezeit geben wird, so viel es nur immer bedarf.

Hi.1.178,7

Ich sage dir, du magst fasten und seufzen und trauern, so werde Ich dir darum dennoch nicht helfen. - Aber durch den Vollglauben und durch deine wahre Liebe zu Mir und daraus zu deinen Brüdern werde Ich dir allezeit helfen!

Hi.2.414,4

Wer da Gott nicht ernstlich sucht, sondern ganz den Gelüsten der Welt nachgeht, der verliert Gott, und Gott wird ihm keine Zeichen geben, aus denen er erkennen könnte, wie tief und wie weit er schon von Gott abgewichen ist. Erst wenn er aus eigenem Antrieb und Bedürfnis Gott wieder zu suchen anfangen wird, wird Gott Sich auch ihm zu nahen anfangen, und Sich vom Suchenden auch insoweit finden lassen, inwieweit es dem Suchenden ein wahrer Ernst ist, Gott zu finden und zu erkennen.

GEJ.7.156,12

O die allerhöchste Ehre sei Dir als dem Vater im Sohne und Deinem allerhöchsten Geiste, da Du mich erschaffen, erlöst und wieder zum ewigen Leben geheiligt hast, also gnädigst durch Deine unendliche Güte, Erbarmung und ewige Liebe, ja ewiger Dank und ein ewiges Lob sei Dir, heiliger Vater, dafür von mir sündigem Geiste!

PuG.32,14

Irdische Vorteile schauen bei Meinen Jüngern gar keine heraus, im Gegenteil müssen sie sogar um Meines Namens und um Meiner Liebe willen die schon gehabten irdischen Vorteile und Besitztümer für immer verlassen. Sie dürfen auf der Erde nichts haben als allein das verborgene Geheimnis des Reiches Gottes.

GEJ.3.8,3-5

Der Mensch, dessen Leben und alles von Gott abhängt, soll Gottes Anordnungen und Fügungen, so er Gott einmal erkannt hat, allzeit lobend und preisend anerkennen und nicht darüber murren und hadern. Denn Gott der Herr weiß es stets und ewig sicher am allerbesten, warum Er auf einem Erdkörper bald dieses und bald jenes in Erscheinung treten lässt. GEJ.8.140,4

Der Glaube und das Vertrauen müssen zuvor auch geübt werden, bis sie völlig dazu taugen, den eigenen Willen mit dem Meinen also zu einen, dass das Gewollte ohne das geringste Misslingen geschehen muss. Denn nur durch den vollen und lebendigen Glauben und also auch durch das gleiche Vertrauen kann sich ein Mensch im Geiste und in Meinem Namen überall als vollwirkend hin versetzen, und es muss geschehen, was er will. GEJ.7.168,8

Das ist der große Schritt, den ein jeder in seinem Herzen zu machen hat und helfe der ewigen Liebe das Kreuz tragen, damit er dereinst Teil haben möchte an dem großen Werk der bis jetzt noch immer unbegriffenen Erlösung, der Überwindung des Todes und der Auferstehung. Hi.3.76,5

Wo eine große Tätigkeit zu Hause ist, da ist auch ein großes Licht vorhanden. Denn Licht ist an und für sich nichts als eine pure Erscheinung der Tätigkeit der Engel und besseren Menschengeister. Je höher in der Tätigkeit diese stehen, umso größer ist auch ihr Licht.

BM.47,8

Wer einmal sein Inneres vollends kennt, der wird auch früh genug zur Kenntnis nicht nur der ganzen Erde, sondern aller anderen Weltkörper im endlosen Schöpfungsraume gelangen, materiell und geistig, welch letztere allein von Belang und der größten Wichtigkeit ist; aber die bloß äußere Kenntnis der Natur dieser Erde wird keiner Seele den Weg zur Unsterblichkeit bahnen.

GEJ.3.87,10

Alle Meine Geschöpfe lieben Mich als ihren Schöpfer in dankbarer Freude ihres Daseins, aber Meine Kinder wollen ihren Vater nicht und verschmähen Seine Liebe! Alle Meine Geschöpfe hängen an Meiner Macht, aber Meine Kinder hängen an Meiner Liebe! Die Macht gebietet und es geschieht, aber Meine Liebe wünscht nur und gebietet in aller Sanftmut den freien Kindern, und die freien Kinder verstopfen ihre Ohren und wollen nicht das Angesicht ihres Vaters schauen. HGt.1.3,3+5

Kein Mensch wird die Sünde so schnell los, als wie schnell er in irgendeine Sünde gefallen ist. GEJ.2.193,16

Gedenke Meiner in deinem Herzen! GEJ.1.14,2

Ein jeder Mensch ist also erschaffen und eingerichtet, dass er Böses und Gutes, Falsches und Wahres nicht in einem Herzen nebeneinander ertragen könnte; entweder das eine oder das andere, aber ewig nie beides zugleich! GEJ.1.167,16-17

Den Gott besonders lieb hat, den prüft Er, und so der Geprüfte die Prüfung wohl besteht, dann hat er aber auch für ewig sein Heil gefunden! GEJ.5.240,10

Du musst aber zuvor selbst ernst deine Augen von den Lockungen und Reizungen der Welt abwenden, und so auch deine anderen Fleischsinne, und musst ein Meister deiner Weltbegierden werden, wirst du das nicht, so werde Ich dich darum nicht blind, taub und stumm an deinen Leibessinnen machen, und du wirst mit ihnen gleichfort zu kämpfen haben. Aber so du es gegen deine Fleischsinne einmal nur zu einer halben Meisterschaft wirst gebracht haben, so werde Ich dich dann schon auch ehest in die ganze setzen, dessen du ganz versichert sein kannst. GEJ.8.151,4

Siehe, es ist der Herr ja mitten unter uns, wenn auch nicht dem Auge sichtbar, aber dennoch wohl vernehmbar unserem Gefühle! HGt.3.34,19

Alles Äußere, wenn an und für sich noch so rein, tötet, nur der Geist hat das Leben und belebt alles, was er durchdringt. GEJ.5.124,3

Diese Welt ist gleich der Hölle in allem; nur ist sie hier verhüllt vor den Augen der Menschen, gleichwie also auch verhüllt ist der Himmel in Wort und Tat. Hier kann darum der Himmel heilbringend auf die Hölle einwirken; aber wo beide enthüllt sind, da geht es mit dem Einwirken schlecht oder im höchsten Grade schon gar nicht mehr. GEJ.7.170,12

Die Trägheit oder die stets steigende Lust zum Müßiggange ist und bleibt stets der Anfang zu allen Lastern.

GEJ.5.204,8

Du sollst Mich, deinen Gott und heiligen Vater, lieben aus und mit aller der Liebe, die Ich dir gab von Ewigkeit her zum ewigen Leben und als ewiges Leben! So du Mich liebst, so verbindest du dich wieder mit Mir, und deines Lebens wird nimmer ein Ende sein. Unterlässest du aber solches, so trennst du dich vom Leben. Dein Leben wird zwar darob nicht aufhören, auch werde Ich darum ewig nicht aufhören, dein richtender Gott zu sein, und wirst du auch, von Meinem Leben getrennt, fallen den ewigen Räumen Meiner Zorntiefe entlang, wahrlich, nicht außer Mir wird dein ewiger Fall sein! Mich, deinen Gott, wirst du nie verlieren, aber deinen liebevollsten, besten, heiligen Vater und mit Ihm ein ewiges, freies, wonnevollstes Leben, siehe, das wirst du verlieren! HGt.1.72,21

Es ist besser, von Meiner Liebe nichts zu vernehmen, als diese in sich lau zu handhaben, so sie an ihn einmal in solcher lebendigster Fülle ergangen ist. Hi.2.187,6

Denke nicht, was du reden möchtest, sondern frage nur im Herzen sogleich den Herrn, und Er wird es dir sogleich ins Herz legen, was du zu reden hast! BM.102,13

Ohne Meine Zulassung kann nichts geschehen; wenn Ich aber irgendetwas zulasse, so habe Ich allzeit Meinen besten Grund dazu. HGt.2.158,26

Den Herrn über alles zu lieben und alles andere nur aus dem Herrn! Wer also liebt, der liebt recht, und der Herr wird mit ihm sein ewig! HGt.1.132,23-24

Der allein wahre Gott ist pur Liebe, aus der Liebe heraus erst die vollste Weisheit und durch diese Weisheit allmächtig. GEJ.5.37,3

Eben dadurch, dass du befolgst Meinen Willen, nimmst du denselben auf in dir und machst ihn zu dem deinigen. HGt.2.89,12

So Mich jemand wahrhaftig im Herzen über alles lieben wird dadurch, dass er leben und handeln wird nach Meinem ihm geoffenbarten Willen, zu dem werde Ich Selbst wie persönlich im Geiste kommen und werde Mich ihm als vollends gegenwärtig offenbaren. GEJ.9.43,4

Die Menschen müssen durch Not und Drangsale aller Art zur Tätigkeit angetrieben werden. GEJ.1.221,15

Wer da ungeduldig wird und über dies und jenes, das er doch nicht ändern kann, murrt und oft sogar in seinem gemeinen Grimme Lästerungen über die ihm widrig vorkommenden Erscheinungen in dieser Welt denkt und offen ausspricht, der eignet sich die Liebe Gottes nicht an, sondern entfernt sich nur mehr und mehr von ihr, und das gibt keinem Menschen weder eine irdische und noch weniger eine jenseitige Ruhe und Glückseligkeit. Denn alles geschieht ja nur durch die Liebe Gottes zum wahren Wohle des Menschen. Erkennt der Mensch das dankbar in seinem Gemüte an, so nähert er sich auch stets der Liebe und der Ordnung Gottes und geht dann bald und leicht ganz in dieselbe über und wird dadurch selbst weise und mächtig, tut er aber das Gegenteil, so wird er denn auch stets dümmer und in allem schwächer und machtloser.   GEJ.8.140,7

So dich Gott selbst äußerlich in aller Weisheit unterwiese, so würde dir auch dieser Gottesunterricht nichts nützen, solange Er, der große Gott, durch Seinen allerheiligsten Geist dich nicht von innen durch deinen eigenen Geist unterrichtete.   BM.50,23

Seid von ganzem Herzen demütig, und liebet Gott im alleinigen Christo über alles, euch untereinander aber also, wie jeder sich selbst; und ein jeder von euch sei der andern willen da und trachte, wie möglich als der Geringste allen zu dienen!   GS.1.74,18

Gott aber ist nicht allein Gott in und aus sich, sondern Er ist Gott aus der Liebe in sich.   HGt.2.250,15

Ist es denn gar so schwer, den zu lieben, der die ewige Liebe selbst ist, und ist es wohl schwer, zu lieben den eigenen Bruder? O fürwahr! Nichts ist leichter als das, - nehmet nur die Welt, diese alte Pest des Geistes, aus eurer Brust, und ihr werdet erfahren, wie süß und leicht es ist, zu lieben die ewige Liebe und zu lieben den Bruder!   Ste.4,19

Es gibt nirgends einen eigens geschaffenen Himmel, noch irgendeine eigens geschaffene Hölle, sondern alles das kommt aus dem Herzen des Menschen; und so bereitet sich ein jeder Mensch im Herzen, je nachdem er Gutes tut oder Böses, entweder den Himmel oder die Hölle, und wie er glaubt, will und handelt, also wird er auch seines Glaubens leben, aus dem heraus sein Wille genährt ward und ins Handeln überging.   GEJ.2.8,7

In der Welt der Geister kann nur das in die wesenhafte Erscheinlichkeit treten, was eine Menschenseele in ihrem Herzen mit herüberbringt. Ist das Herz aber geistig ganz leer, so kann daraus auch nicht das kleinste Rasenplätzchen zum Vorschein kommen.   RBl.1.37,1

Wer den inneren Frieden hat, der kann ziehen, wohin er nur immer will, so zieht er in Frieden.   GEJ.5.73,6

Durch dein Herz wirst du nach dem Tode deines Leibes hinaustreten in den endlosen Gottesraum, und nach der Art deines Herzens wirst du ihn entweder als Himmel oder als Hölle antreffen!   GEJ.2.8,6

Der Vater hat als die ewig unendlich große Liebe in Gott oder in Seiner Auswirkung alles von sich gegeben! Durch die große Wurfschleuder Seiner unendlichen Macht hat Er mit allen Seinen endlos großen Gedanken alle Unendlichkeit ewig hin erfüllt. Er behielt nichts für sich, sondern alles, was Er hatte, gab Er her.

HGt.2.250,22-23

Das Reich Gottes kommt nicht mit äußerem Schaugepränge, sondern es ist in euch! Aus diesem Grunde wird auch ein jeder Geist dasjenige Reich bewohnen, schauen und nützen, das er sich in sich erworben hat durch die Liebe zu Mir.

GS.1.8,14-15

Wer Mich nicht als Gott erkennt, der kann Mich auch nicht als einen Gott wahrhaft über alles lieben! GEJ.5.117,4

Liebe den Herrn aus allen deinen Kräften, und gedenke nicht beständig deiner Sünden, so wirst du dem Herrn sicher angenehmer sein.

JJ.172,13

Willst du die Dinge wie dich selbst in der vollen Wahrheit erschauen und erkennen, so musst du sie auch aus diesem allein wahren Urgrunde deines Seins erschauen und erkennen; alles andere ist Täuschung, und der Kopf jedes Menschen, und was im Kopfe ist, gehört in das Gebiet des dir bekannten gordischen Knotens, den mit Bedachtsamkeit niemand lösen kann.

GEJ.1.69,8

Jeglich Wort auf Mich gerichtet, ist wie ein geschaffenes Werk, das da nimmer zerstört werden mag.

HGt.3.111,14

Wo des Menschen Liebe zwischen den Reizen der Welt und Mir hin und herschwankt und nicht zu einer halben Stärke auf Meiner Seite gelangt, ja, da kann Ich solch einer Windfahne von einem Menschen noch nicht unter die Arme greifen und ihm eine volle Festigkeit geben. Denn den guten Anfang muss der Mensch infolge des ihm zu diesem Lebensbehufe verliehenen freien Willens selbst machen, die volle Vollendung ist dann erst Meine Sache! Wenn du das so recht aufgefasst hast, dann tue danach, und Meine Hilfe wird nicht unterm Wege verbleiben!

GEJ.8.151,6

Erwache in der Liebe zu Gott und daraus zu deinen Brüdern im Namen Dessen, der ewig war, ist, und auch ewig sein wird!

GEJ.4.76,12

Durch das Dienen wird die Demut am meisten geübt und gefördert; je untergeordneter oft ein Dienst erscheint, desto tauglicher ist er für die wahre Ausbildung des Lebens. Die Demut selbst aber ist nichts als das sich stets mehr und stärker Kondensieren des Lebens in sich selbst, während der Hochmut ein stets lockeres Gestalten und sich ins Endloseste hin auseinander Zerstreuen und am Ende nahe gänzliches Verlieren des Lebens ist, was wir den zweiten oder geistigen Tod nennen wollen.

GEJ.4.95,1

Wer Mich wahrhaft liebend in seine Seele aufgenommen hat, aber nicht nur gläubig bloß dem vernommenen Worte nach, sondern vollkommen der Tat nach, zu dem werde Ich allzeit im Geiste kommen und werde Mich ihm offenbaren und werde ihn erleuchten wie eine hell aufgehende Sonne die früher finsteren Gefilde der Erde.

GEJ.5.124,7

Das Lob des Mundes ertönt vor der Welt, aber das Lob des Herzens dringt zu den Ohren Meines Herzens.

HGt.2.124,5

Also ist der Vater in Sich arm, und die Armut ist nun Seine Liebe; Sein Reichtum aber ist nun die freie Liebe und Sein alleiniges ewiges Leben, in dem allein alle Macht und Kraft daheim ist. Diese Armut aber ist nun des Vaters größte Seligkeit, indem Er nun wieder alles zu Sich zurückkehren sieht und Er alles wieder, endlos vervollkommnet, in Seiner Liebe ergreifen kann.

HGt.2.250,24-25

Wer da nicht weiß, was einst mit ihm wird, der zeigt schon, dass er eine schadhafte Seele hat. Wie aber ein Künstler auf einem beschädigten Instrument nichts Erhebliches zu leisten imstande ist, also kann auch ein Geist durch eine von der Welt stark beschädigte Seele nichts Erhebliches fürs ewige Leben wirken; denn er muss ja seine Kraft dahin verwenden, die Lücken der Seele zu ergänzen.

Ste.25,12

Nirgends gibt es ein Allerherrlichstes, welches nimmerdar übertroffen werden könnte von etwas noch Herrlicherem; denn das unerreichbar Allerhöchste bin nur Ich selbst. Sat.9,16

Der Vater ist die ewige Liebe in Mir, wie Ich in allem Meinem göttlichen Wesen von Ewigkeit her vollkommen in ihr bin. Denn Ich und der Vater sind eins, oder Ich und Meine ewige Liebe sind eins, oder wie die Liebe in ihrer Weisheit lebendig wohnt ewiglich, also wohnt auch die Weisheit in der Liebe, aus der sie hervorgeht, ewiglich. Ste.4,3

Niemand kann es mit Meiner Weisheit aufnehmen. Selbst der größte Weise aus allen Sternen muss sich vor Meiner Weisheit beugen bis zur innersten Faser seines Lebens. Und das ist heilsam sogar für den tiefsinnigsten Engelsgeist. Denn auch die größten Engel müssen demütig sein, so sie ganz selig sein wollen, obschon ihr Weisheitsglanz jede Sonne zum finsteren Klumpen umstalten müsste, so diese in seines Lichtes Sphäre käme. RBl.1.37,9

Es ist gut, des öftern auf so manches das Gefühlsauge zu richten und da Meine Liebe und Weisheit zu gewahren und wäre der zu betrachtende Gegenstand noch so gering; denn es liegt doch immer etwas Unendliches darin, und so ist es auch würdig eines geistigen Blickes, da alles, worin sich Unendliches birgt, von Mir ein Atom ist, in dem ein ewiges Sein waltet. Fl.1,1

Wenn aber ein Mensch von seinem eigenen Herzen sich berücken lässt und wird hochmütig, herrschsüchtig, fleischsinnig, weltsüchtig und eigenliebig, sodann nähert sich ja der Mensch selbst eigenwillig dem Feinde des Lebens, wird selbst ein Feind alles Lebens und nicht selten ärger noch denn der eigentliche in Person, vor dessen List ihr euch verwahren sollet.

HGt.2.158,22

Jene, die in Meiner Lehre einst sein werden, denen werde Ich geben Meinen Geist, der sie zu den wahrsten Kindern Gottes machen wird und wird sie leiten in alle Wahrheit und Weisheit, und es soll wahrlich die Unendlichkeit naturmäßig und geistig nichts in sich bergen, das ihnen fremd bleiben soll! DT.30,3

Gott kann der Mensch nur auf dem reinen und wahrheitsvollen Wege der Erkenntnis der geschaffenen Dinge und Seiner liebevollen und weisesten Ordnung in ihnen mit den Augen seines Geistes schauen und dann aber auch über alles lieben; und wer Gott über alles liebt, der erkennt aus solcher Liebe auch sich und seinen Nächsten und wird in ihm ebenso das Ebenmaß Gottes lieben und achten wie in sich selbst. GEJ.9.132,9

Dein Kopf kann dir zahllose Götter schaffen; aber was sind sie? Ich sage dir, nichts als eitle, leblose Gebilde, im Gehirne erzeugt durch dessen lockeren Mechanismus; im Herzen aber wirst du nur einen Gott finden, und dieser ist wahr, weil die Liebe, in der du einen allein wahren Gott gefunden hast, selbst Wahrheit ist.

GEJ.1.69,10

Ich kann zwar alles wissen schon von Ewigkeit her, was mit einem Menschen wird, wenn Ich es wissen will; aber auf dass der Mensch in der Reife seiner Jahre völlig frei und unbeirrt handeln kann, so ziehe Ich auf eine bestimmte Zeit Meine Augen von ihm ab und nehme keine Wissenschaft von seinem freien Handeln, außer er bittet Mich inständigst, ihm zu helfen beim freien Kampfe mit der Welt. Da sehe Ich Mich nach ihm um, helfe ihm auf den rechten Weg und verleihe ihm beim Kampfe mit der Welt die nötige Kraft. GEJ.2.137,16

Das eigentliche wahre Himmelreich Gottes ist für die wahren Freunde Gottes überall, für die Feinde Gottes aber nirgends; denn für die ist wieder alles Hölle, wohin du nur immer deine Augen und andern Sinne wenden kannst und magst. Unten und oben ist da gleich. GEJ.2.8,4

Nehmet euch aber vorzüglich in Acht vor euch selbst; denn wahrlich es gibt nirgends außer Mir etwas Freieres denn eure eigenen Herzen. Daher sorget für diese nach Meinem Willen, so werdet ihr ewig sicher sein vor der List des Feindes! HGt.2.158,27-28

Folget Mir in allem nach, so werdet ihr das Ziel, das Ich selbst bin, schwerlich je verfehlen! Gg.13,29

Also fließet auch der Himmel ein in den Teufel wie in die Engel Gottes; aber jeder von den beiden verwendet ihn anders! GEJ.2.9,12

Wie den Gerechten aus ihrem Herzen ihr Himmel erblühen wird in aller Herrlichkeit, so wird den Ungerechten aus ihrem Herzen das erwachsen, was sie
darinnen haben; ein böser Same wird ewig keine gute
Frucht zum Vorschein bringen! GEJ.1.197,14

In der Welt der Geister ist ein jeder Herr, das ist ein
Besitzer dessen, was sein ist. RBl.1.49,6

Ich habe von Ewigkeit her noch kein Wesen gestraft,
außer es hat sich selbst gestraft. GEJ.7.39,13

Es ist leicht das Hören und nicht schwer das Lesen und
ebenso leicht das Zuschauen; aber das Selbst-Tun ist
für jedermann von keinem großen Reiz. Was nützt aber
jemandem das Wissen und Nicht-Tun-danach? Ste.5,24

Richtet aber niemanden und verdammet keine Seele,
wollet ihr der Rache der Welt nicht zu früh in den Ra-
chen fallen! Hi.2.210,22

Sehet, Mein Joch ist sanft und Meine Bürde ist leicht.
Nur die Kinder der Welt müssen Meinem Reiche Gewalt antun, wenn sie es an sich reißen wollen. Meine
Kinder dagegen sollen nicht eigenwillig ins Feld ziehen
für Mich und sich ohne Not verwunden lassen von Meinem Feinde - für sie werde schon Ich kämpfen. Denn
die Liebe steht höher als aller eigenmächtige Kampf.

Hi.1.13,4

Wer immer nicht im Herzen gelehrt wird von Gott, der
bleibt in der Nacht der Welt, und das Licht des Lebens
wird ihm ewig ferne bleiben! Wem aber nicht leuchtet
das wahre Licht des Lebens von Gott ausgehend, der
ist tot, und hätte er von der Welt auch alle Weisheit der
Engel erlernt! Wie lange wohl wird sie ihm dienen?
Bleibet daher in Mir, so werde Ich in euch verbleiben,
und die Weisheit der Himmel wird eure Herzen lebendig erfüllen für ewig! GEJ.1.168,3-5

Versprechet nie jemandem etwas, das ihr dann nicht
halten könntet oder - noch schlechter - aus was immer
für Gründen nicht halten wollet, so ihr wahrhaft Gotteskinder werden wollt; wahrlich, sage Ich euch, das
Ärgste ist ein Versprechen und eine Verheißung, die
nicht gehalten wird! GEJ.1.198,1

Nach dem Grade Meiner Liebe in euch wird euch gegeben werden von Mir, der Ich in Meinen ganzen Wesen die Liebe selbst bin. Ihr seid, so ihr Mich liebet mit
aller Kraft, allesamt liebe Kinder Meiner Liebe. Hi.1.14,2

Wer ein rechter Held sein will, der darf den Feind nicht
verderben, sondern er muss sich alle Mühe nehmen,
den Feind mit aller Klugheit, Geduld, Liebe und Weisheit im Herzen zu gewinnen; dann erst kann er sich
rühmen, einen wahren Sieg über seinen Feind er-
kämpft zu haben, und der erkämpfte Feind wird selbst
sein größter Lohn sein. GEJ.1.201,16

Solange jemand glaubt, dass er etwas tun könne, oder dass er der göttlichen Gnade und Erbarmung würdig sei, so lange auch darf er darauf rechnen, dass ihn der Herr wird harren lassen, bis sich solcher törichte Wahn in ihm verzehren wird. So er aber zur inneren Ansicht kommt, dass er nichts ist und nichts vermag, sondern dass der Herr ist alles in allem, der Erste und der Letzte, das Alpha und das Omega, dann erst gibt er sich dem Herrn freiwillig ganz hin, und der Herr ergreift ihn da und führt ihn den gerechten Weg. GS.1.91,2

Forsche und suche fleißig in deinem Herzen; dort wirst du finden, was du suchst. Denn in eines jeden Menschen Herz ist der lebendige Same gelegt, aus dem dir des ewigen Lebens ewiges Morgenrot erblühen wird.

GEJ.2.8,4

Nur Eines ist im Menschen, und dieses große und heilige Eine ist die Liebe, die da ist ein rechtes Feuer aus Gott und im Herzen wohnet; und nirgends denn allein in dieser Liebe ist Wahrheit, weil die Liebe selbst der Urgrund aller Wahrheit in Gott und aus Gott in jedem Menschen ist! GEJ.1.69,7

Meine Lehre und Mein lebendiges Wort aber, das zu euch kommt aus Meinem Munde durch die Liebe in euch, steht höher denn alle Propheten und alle Weisheit der Engel! Denn die Liebe ist das Erste und Höchste, hernach kommt erst die Weisheit. Hi.1.17,12

Was euch Not tut, wird euch nicht vorenthalten; das euch aber offenbar nicht Not tut, warum forschet ihr danach? Tut, was Er euch sagt, und wollet nie mehr wissen, als was Er euch als für euch notwendig zu wissen offenbart, so werdet ihr Seinem Willen gemäß leben und handeln und eures ewigen Lohnes versichert sein; alles aber, was ihr wollt wider Seinen Willen, ist Sünde wider den Meister, der euer Heiland ist - leiblich und geistig! Merket euch diese Lehre! GEJ.2.73,7

In euch Menschen liegt Unendliches, nur entwickelt ist es nicht; darum kann das Kind, wenn es in die Welt kommt, gar nichts und steht tief unter jeder Gattung eines neugeborenen Tieres. Aber eben, weil es gar so nackt, so schwach und total unbehilflich und nahe über einen Meerespolypen bewusstlos dasteht als ein gänzlich leeres Gefäß, kann es bis zum höchsten göttlichen Bewusstsein emporklimmen und jeder Vollendung gewärtig werden! GEJ.3.178,12-13

Wer an Mich glaubt und Mich liebt und dadurch hält Mein leichtes Gebot der puren Liebe, der ist es, der Mich auch im vollsten Lichte seines Herzens als den Vater erkennt. GEJ.2.225,8

Ein jeder der Menschen dieser Erde ist frei und kann tun, was er will, und glauben und reden, was er will; aber so jemandem, aus den Himmeln die Gnade zuteilwird, einen Rat bekommen zu haben, so tut er wohl, so er dessen achtet. GEJ.2.54,8

Im Geiste und in der Wahrheit solle der Mensch zu Gott beten, nicht aber mit den Lippen, wie es die Kinder der Welt tun, die da meinen, dass sie dadurch Gott gedient haben, so sie eine Zeitlang mit ihren Lippen gewetzt haben. Willst du aber im Geiste und in der Wahrheit beten, da liebe du Gott in deinem Herzen, und tue Gutes allen Freunden und Feinden, so wird dein Gebet gerecht sein vor Gott!   JJ.91,7-8

Nach der alten Ordnung konnte niemand in die Himmel kommen, der einmal in der Materie gesteckt ist; von nun an aber wird niemand wahrhaft zu Mir in den höchsten und reinsten Himmel kommen können, der nicht gleich Mir den Weg der Materie und des Fleisches durchgemacht hat.   GEJ.4.109,4

Weichet nicht ab vom Gebete, und betet mit Danksagung ohne Unterlass, - aber nicht mit den Lippen, sondern im Geiste und in der Wahrheit mit aller Einfalt eures Herzens und in der wahrhaftigen Andacht in der Liebe zu Christo dem Herrn!   Lao.3,37

Siehe, wollet ihr Vergebung eurer Sünden, so werden sie euch vergeben, so ihr wahre Buße wirket durch Jesum, welcher ist Mein lebendiges Wort und die Liebe in Mir, und die Pforten des Himmels stehen euch offen, und so ihr hinein wollet, könnet ihr hinein und da schauen das Angesicht eures heiligen Vaters, der Ich es bin, der ewige Gott Jehova.   HGt.1.4,2

Es gibt viele, die in ihrer Frömmigkeit gar leicht hochmütig werden könnten und möchten dann bald mit vieler Verachtung und Abscheu auf die Sünder von ihrer vermeinten Tugendhöhe herabblicken, wodurch sie dann unbewusst zu größeren Sündern würden, als da sind jene, die sie verabscheuen; da kommt dann ein Geist und treibt solche Menschen zu irgendeiner Sünde an, und der schon stolz gewordene Tugendheld erfährt es also an sich, dass er noch lange kein Gott, sondern nur ein ganz gewöhnlich schwacher Mensch ist! GEJ.1.174,4

Man wird freilich sagen: Herr! Es gibt ja noch recht viele wohltätige Menschen! Ich aber sage darauf: Ja, es gibt recht viele einhunderttausendstel, einzehntausendstel und eintausendstel, wohl auch einhundertstel Täter Meines Wortes. Wenn Ich sie aber zusammenaddiere, so wird kaum einer daraus! Ste.13,27

Das Leben aber ist nur im Herzen und geht vom selben in alle Teile des Menschen aus, und somit auch in den Kopf, welcher in sich kein Leben hat, sondern tot ist. JJ.103,9

Gott ist Einer, und Christus ist Einer; denn so es nur einen Gott gibt, so gibt es auch nur einen Christus. Was Unterschiedes sollte da sein zwischen Gott und Christus? - Gott ist die Liebe, und Christus ist die Weisheit in Gott oder das Licht, die Wahrheit, der Weg und das ewige Leben! Lao.1,21

Christus war nur ein Mensch und musste sich als ers-
tes Grundvorbild die vollkommene Herrlichkeit Gottes
erst durch Seine Taten vollkommen zu eigen machen.
Und hätte Er dieses nicht getan, so wäre es um die
ganze Schöpfung geschehen gewesen; denn in Ihm erst
ward Vater und Sohn wieder eins oder - was dasselbe
ist - die göttliche Liebe und die göttliche Weisheit.

Ste.17,4

Ich will es, dass von nun an alle Meine Gedanken und
Ideen durch euch, Meine Kindlein, erst ins vollste
Werk gesetzt werden, hier schon für Seele, Herz und
Geist eurer Brüder und Schwestern, und jenseits aber
in alle die großen Wirklichkeiten von ihrer innersten
geistigen Entstehungssphäre bis zu ihrer alleräußers-
ten materiellen Ausbildung, und von da zur abermaligen Rückführung ins gemehrte, rein und selbständig
geistige, vollendete Leben. Und dazu, Freunde, wird
unendlich viel Zeit, Geduld und eine große Tätigkeit
erforderlich sein und eine ebenso große und allumfas-
sende Weisheit und Kraft!

GEJ.4.95,7

Friede sei mit euch! Meine Liebe sei euer einziger
Reichtum! Und Meine Gnade erleuchte vor euch die
Finsternisse der Welt und zeige euch sanft den Weg
des ewigen Lebens! - Amen.

Hi.1.19,6

Du kannst auch ohne Meine Persönlichkeit stets in
Meiner nächsten Nähe sein, wenn du Mir nur im Herzen nahe bist.

GEJ.7.38,8

In Christus ging alle urgöttliche Weisheit in die Liebe zum Vater über; dadurch ward aus Sohn und Vater Eins. Desgleichen muss es aber auch bei dem Menschen der Fall sein. Bevor er nicht in seinem hochmütigen Verstande und in allen Begehrungen desselben, welche auf allerlei Ehrungen hinauslaufen, bis auf den letzten Tropfen gedemütigt wird, - ja, bevor er nicht alles der Liebe zu Füßen legen wird und darum erleiden wird eine kurze Verfinsterung aller seiner weltlichen Weisheit, wird er wahrlich nicht in die Herrlichkeit des Vaters eingehen.   Ste.17,16

Du musst die Fähigkeit der Menschen, dass sie sündigen können, nicht so niedrig und nicht als zu sehr verbrecherisch anschlagen; denn ohne die Fähigkeit, den gegebenen Gesetzen zuwider zu handeln, wäre der Mensch ein Tier und kein Mensch! Die Sünde gibt dem Menschen erst das Zeugnis, dass er ein Mensch ist; ohne diese wäre er ein Tier!   GEJ.2.28,13-14

Solange ihr aber euer Recht irgend anderwärts suchet als allein nur im Worte Gottes, solange ihr noch der Beleidigung Stachel in euch traget, ja, solange ihr der Meinung seid, es geschehe euch in diesem oder jenem ein Unrecht - so lange seid ihr noch Kinder der Hölle und des Herrn Gnade ist nicht in euch.   BM.68,20

Ich aber bin ja darum in diese Welt gekommen, dass Ich alle Sünde der Menschen der Welt auf Mich nehme und sie tilge durch Meine Liebe vor Ihrem göttlichen Angesichte auf ewig! - Also geschehe es!   JJ.104,7

Je mehr Liebe ein Mensch aber zu Gott und zum Nächsten in sich wird lebendig zu fühlen anfangen, und je barmherziger er in seinem Gemüte wird, desto größer und stärker ist auch schon der Geist Gottes in seiner Seele geworden. Denn die Liebe zu Gott und daraus zum Nächsten ist ja eben der Geist Gottes in der Seele des Menschen. Wie diese zunimmt und wächst, also auch der Geist Gottes in ihr. GEJ.7.223,10

Wer des Himmels wegen arbeitet, der wird vom Himmel aus belohnt werden zeitlich und dereinst ewig; wer aber der Welt wegen arbeitet, der wird wohl von der Welt einen schnöden und vergänglichen Lohn ernten; aber im Himmel wird er sein Verdienstbuch leer finden, und sein Lohn wird dahin sein, und seiner geistigen Armut wird schwer ein Ende werden! GEJ.1.222,10

Gott Selbst ist in Sich ja die allerhöchste und reinste Liebe, und also ist es auch der jedem Menschen zukommende Geist aus Gott. Wird die Seele durch ihr freies Wollen ganz ähnlich der Liebe des Geistes aus Gott, so ist es dann ja auch klar, dass sie mit dem Geiste aus Gott in ihr eins wird. Wird sie aber das, dann ist sie auch vollendet. GEJ.7.223,11-12

Ob ihr Mich sehet oder nicht, so bin Ich dennoch bei euch; denn so ihr Mir glaubet, auf Meinen Namen bauet, vertrauet und hoffet und Mich wahrhaft liebet, dann bin Ich allzeit bei euch und unter euch; aber der an Mir zweifelt, bei dem bin Ich dennoch nicht - und sähe er Mich auch fest an seiner Seite stehen! GEJ.2.102,1

Jedes Geschöpf ist ja ein Zeuge von der Allmacht, Weisheit und Liebe Gottes, und es ist ohne Seine Macht kein noch so mächtiger Geist fähig, aus sich selbst etwas zu erschaffen, sondern das kann nur Gott allein! Da aber jedes Geschöpf ein Zeuge ist der göttlichen Allmacht, Weisheit und Liebe, wie sollte es dann nicht seines Schöpfers wert sein?   GEJ.2.58,4

Es ist sonach durchaus nicht genug, dass der Mensch etwa vom Hörensagen oder durchs Lesen von allerlei Beschreibungen sich irgend Kenntnisse verschafft von was immer. Alle diese Kenntnisse bleiben stumm und ohne einen Lebenswert, so sie nicht durch die Tätigkeit mit dem Leben der Seele in einen Verband gebracht werden.   GEJ.5.121,8

Mit dem einen Munde aber sollen wir alle gleich einen Gott, einen Herrn und einen Vater bekennen, so wird Er uns als Seine Kinder anerkennen! Denn auch Gott hat zwei Augen und einen Mund; mit dem einen Auge sieht Er Seine Geschöpfe - und mit dem andern Seine Kinder! Beschauen wir uns mit dem Bruderauge, da sieht uns der Vater mit dem Vaterauge an; beschauen wir uns aber mit dem Menschenauge, da sieht uns Gott nur mit dem Schöpferauge an, und Sein eben auch nur ein Mund kündet den Kindern Seine Liebe, oder aber den Geschöpfen Sein Gericht!   JJ.62,11-14

Bekenne deine Schuld vor Mir und demütige dich, so wirst du in Augenblicken weiter kommen als sonst in Jahrtausenden!   RBl.1.37,10

Lasset das lebendige Wort Christi reichlich unter euch wohnen in aller Liebe und wahrer, vollkommener Weisheit aus ihr! Lehret und vermahnet und erbauet euch gegenseitig mit allerlei herrlichen geistigen Dingen und Betrachtungen, mit Psalmen der Liebe und anderen Lobgesängen und geistlichen lieblichen Liedern.

Lao.3,25-26

Sehet, nicht mit dem Gericht, sondern mit der größten Liebe kommt euch euer Vater entgegen. Und da ihr Ihn aufgenommen habt in eure Herzen, so nimmt Er euch tausendfach auf in Sein ewiges Vaterherz. Kommet daher nun alle zu Mir, die ihr schwer beladen und mühselig waret, Ich will euch für ewig vollauf erquicken!

BM.36,33

Siehe, darum hat der Herr uns Menschen zwei Augen gegeben und nur einen Mund zum Reden, auf dass wir mit dem einen Auge nur die Menschen als Menschen, mit dem andern aber als Brüder betrachten sollen! Fehlen die Menschen vor uns, da sollen wir das Bruderauge offen halten und das Menschenauge schließen; fehlen aber die Brüder vor uns, da sollen wir das Bruderauge schließen und das Menschenauge auf uns selbst richten und uns alsonach selbst gegenüber den fehlenden Brüdern als fehlende Menschen ansehen.

JJ.62,8-10

Der Geist des Menschen hat ja ohnehin alles in sich; er bedarf nichts weiter als der Öffnung seiner Augen, um zu schauen die endlose Lebenswunderfülle in sich selbst.

Ste.11,16

Bewahret eure Herzen vor Falschheit, Zorn, Rache und Verfolgungslust! Seid dabei keuschen und reinen Sinnes; liebet Gott wahrhaft über alles und eure Nächsten wie euch selbst, segnet, die euch verfluchen, tut nichts Böses denen, die euch hassen und verfolgen, so werdet ihr Gott wohlgefällig sein, werdet Ruhe haben und über die Häupter eurer Feinde glühende Kohlen sammeln!

GEJ.1.187,21

Wer aus euch an Mir sich irgend ärgert, der ziehe heim und tue und glaube, was ihn gut und recht dünkt! Denn dereinst wird jeder seines Glaubens leben, und die Taten, die er nach dem Glauben aus seiner Liebe verrichtet hat, werden seine Richter sein! Denn Ich werde niemanden richten, sondern jedes Menschen Richter wird seine eigene Liebe sein - nach diesem Meinem Worte, das Ich nun zu euch geredet habe! GEJ.2.32,8-9

Seht, alle eure Pflicht ist, war und wird ewig sein die Liebe, d.h. die reine, göttliche Liebe in euch zu Mir und im gleichen auch zu allen euren Brüdern und Schwestern.

Hi.1.14,1

Jeder muss der Demut engste Pforte passieren und muss dem Herrn alles anheimstellen. Nichts als die alleinige Liebe, mit der tiefsten Demut gepaart, darf uns bleiben! Uns darf nichts beleidigen. Wir dürfen nie denken und sagen, dies und jenes gebühre uns irgend mit Recht. Denn wir alle haben nur ein Recht, nämlich das Recht der Liebe und der Demut. Alles andere ist ganz allein des Herrn!

BM.68,17

Wer Mich annehmen will, der nehme Mich an, und wer Mir und Meiner Lehre folgen will, der folge! Denn Ich und Mein Reich sind frei und wollen daher auch in aller Freiheit errungen sein!

GEJ.1.93,4

Der höchste Hochmut kann nur durch die tiefste Demut zugrunde gerichtet werden.

GEJ.5.220,3

Der menschliche Geist aber soll ebenso vollkommen werden in sich und durch sich, wie der Urgeist Gottes in Sich und durch Sich vollkommen ist, ansonst der Geist kein Geist, sondern ein gerichteter Tod ist. Damit aber der Menschengeist das werden kann, muss ihm die Gelegenheit geboten werden, sich ebenso entwickeln zu können in der Zeit, wie sich der göttliche Geist in Gott Selbst von Ewigkeit her in, aus und durch Sich Selbst gebildet hat!

GEJ.2.28,9-10

Wahrlich, wahrlich, Ich sage euch: Wer seinen Bruder in der Not verlässt, der verlässt in einem – Gott und Himmel! Und Gott wird ihn verlassen, ehe er sich's versehen wird! Wer aber seine armen Brüder nicht verlässt, auch dann nicht, so ihn Gott in eine Prüfung zöge, der soll aber denn auch gesegnet werden, ehe er sich's versehen wird, reichlicher zeitlich und ewig.

GEJ.1.125,21-22

Ich gab dir Leben und großes Glück, und du magst Meiner nicht gedenken!

JJ.204,49

Ich bin der Herr über alles, was da ist! Ich bin Gott, der ewige und mächtige, und als solcher bin Ich auch euer Vater, der heilige und liebevollste. Und dieses alles bin Ich im Worte; das Wort aber ist im Sohne, und der Sohn ist in der Liebe, und die Liebe ist im Gesetze, und das Gesetz ist euch gegeben. So ihr es beachtet und danach tut, so habt ihr es in euch aufgenommen; dann wird es in euch lebendig und erhebt euch selbst und macht euch frei, und ihr seid dann nicht mehr unter dem Gesetze, sondern über demselben in der Gnade und im Lichte, welches alles Meine Weisheit ist.   HGt.1.4,10

Meine Gnade ist ein reicher Schatz; wem sie zuteilwird, der wird keinen Mangel haben an allem jemals, zeitlich und ewig. Daher soll sich jeder bemühen, sich diese ja sogleich zu eigen zu machen; denn Ich gebe sie jedem, der sie nur immer haben will.   HGt.1.4,1

Geradeso, wie du keinen Unglücklichen und Trauernden sehen kannst, ohne den Wunsch, ihm zu helfen, ist es auch bei Mir - nur in einem viel größeren Maße - der Wunsch und mit ihm der allmächtige, feste Wille, jedem Menschen für Zeit und Ewigkeit zu helfen!   GEJ.2.113,14

Solange auf der Erde Menschen wohnen werden, werden sie auch Tempel bauen, große und kleine, und werden in denselben ihr Heil suchen; aber einen lebendigen Tempel im Herzen für Gott zu erbauen, darin Er allein würdig erkannt, verehrt und angebetet werden kann und soll, weil das allein das ewige Leben der Seele bedingt, werden nur wenige unternehmen!   GEJ.2.72,7

Die Schwäche in uns ist ein vom Herrn geflissentlich unvollendeter Teil unseres Wesens, den wir selbst vollenden sollen, um dadurch die göttliche Ähnlichkeit unseres Geistes in uns selbst bekräftigend zu rechtfertigen und dadurch ein wahrhaft freies Leben für ewig durch uns selbst zu gründen. So wir aber nur lieber unsere Schwächen verdeckt, als geoffenbart in uns tragen wollen, da schaden wir uns ja nur selbst und sind selbst Schuldträger, so wir am Ende durch sie zugrunde gehen!

HGt.3.110,8-9

Ihr könnt Mich nicht eher fassen, als bis euer Innerstes auch zu eurem Äußersten wird!

GEJ.3.161,4

Ihr aber seid berufen und bestimmt, das zu werden in der vollsten Selbständigkeit, was der Herr Selbst ist.

GEJ.3.180,6

Wer da recht tugendhaft sein will, der sei allzeit sparsam und haushälterisch, auf dass er zur Zeit der Not fähig sei, den Armen und Schwachen unter die Arme zu greifen.

GEJ.2.68,5

Die Liebe im Herzen eines Kindes zu Mir, dem Vater, ist mehr wert als alle noch so erhabene Weisheit und alle erdenkliche Wissenschaft! Denn wer die Liebe hat, der hat alles; wer aber die Liebe allein nur der Weisheit, der Wissenschaft und der Stärke wegen hat, der soll auch haben, was er haben will; aber wie du jetzt und allezeit soll er dennoch nicht haben Mein Herz!

HGt.3.11,5-6

Ich bin der Herr über Leben und Tod! Ich allein weiß es, was das Leben ist, und was dazu erforderlich ist, um es für ewig zu erhalten und dasselbe zu genießen in aller Glückseligkeit! Werdet ihr leben nach Meiner Lehre, so werdet ihr das Leben erhalten in aller Glückseligkeit; werdet ihr aber dawider handeln, so werdet ihr es verlieren und eingehen in den Tod, welcher ist alles Lebens unglückseligster Zustand, ein Feuer, das nie erlischt, und ein Wurm, der nie stirbt! GEJ.2.164,7-8

Die Liebe aber, ob guter oder böser Art, ist das eigenste Leben der Seele eines jeden Menschen, Engels und des Teufels; nehmen wir der Seele die Liebe, so nehmen wir ihr auch das Leben und das Dasein. GEJ.8.17,6

Wenn das Leben keine Not hat, so zerstreut es sich und verflüchtigt sich wie ein Äthertropfen. Hi.1.335,1

Es ist nicht möglich, dass jemand, der mit Wohlgefallen in was immer an der Welt hängt, zu gleicher Zeit stehen könnte in der segnenden Verbindung mit dem Himmel. GEJ.1.167,16

Die Demut ist die Hauptnahrung der Liebe. Die Liebe wird dadurch mächtiger und kräftiger zu Dem, vor dem sie ihren großen Unwert fühlt. Und je unwürdiger sie sich fühlt, desto größer wird ihr Zug zu Ihm, weil ihre Achtung in dem Grade wächst, als sie in ihrem eigenen Werte sinkt. Solche Liebe denkt dann nur an Den, den sie als ihr höchstes Gut allerhöchst achtet. Ste.31,11

Es genügt, dass Mich jemand über alles liebt und seinen Nächsten wie sich selbst, denn zu dem werde Ich kommen und werde Mich ihm selbst offenbaren. Dann wird er durch das große Licht Meines Geistes, der da eins mit seiner Seele geworden ist, in alle Weisheit geleitet werden und wird dann Dinge erschauen und erkennen, von denen bis jetzt in keines Weltweisen Sinn je etwas gekommen ist.   Hi.3.308,2

Willst du dein Heil vollends in allem gefördert wissen, so musst du Mir Folge leisten in allen Dingen, sei es, was es wolle. Und verlangete Ich selbst deines Leibes Leben, so müsstest du es lassen mit Freuden; denn Ich werde niemandes Leibesleben verlangen zum Unheile dessen, der es für Mich lassen würde!   GEJ.2.206,3

Niemand kann gelangen zum wahren inneren Lebenslichte, das da gleich ist dem Sohne, ohne wahre tätige Liebe, die da ist das, was du Vater nennest.   Hi.3.312,2

Wir beten doch oft: ‚Vergib uns unsere Schulden, so wie wir unseren Schuldigern vergeben!' Tun wir das, so wird uns auch der Herr alles vergeben, wie oft und wie gestaltig wir auch immer gesündigt haben. Wenn wir allen alles werden vergeben haben, dann wird auch uns alles vergeben sein.   RBl.1.46,11

Niemand kommt eher zum Herrn, als bis er sich unter seine kleinste Zehe durch und durch in allem und jedem gedemütigt hat.   BM.4,16

Du kannst nicht irgendwohin in einen Himmel kommen, sondern du musst dir deinen Himmel selbst bereiten. Der Same zum Himmelreich ist das Wort Gottes; wer dasselbe in sich aufnimmt und darnach tätig wird, der hat dieses himmlische Samenkorn in sein Erdreich gelegt, und der Himmel wird aus ihm gleich einem Baume erwachsen.   GS.1.57,9

Auch Mich erzürnen die Menschen und machen durch ihre Unverbesserlichkeit Mein Herz traurig; aber Ich ertrage sie dennoch und züchtige sie stets mit der Liebe, auf dass sie sich bessern und eingehen möchten ins Reich des ewigen Lebens, dafür allein sie erschaffen worden sind.   GEJ.2.164,6

Wahrlich, so du Mich eine Stunde lang geliebet und ebenso lange Mir vertraut hast, so hast du mehr getan, als so du dich zehn Jahre vergeblich sorgtest und in solchen Sorgen für nichts und um nichts gar oft von Meinen Gnadenwegen dich abwendetest!   Hi.1.272,4

Wer kann Dich, Unendlicher, denken, wo Du nicht wärest? Ich aber denke Dich nun, so bist Du auch da, wo ich Dich denke, für mich – und bist nirgends für mich als nur da, allwo ich Dich denke! Denn dieser Gedanke ist ja Dein Wort in mir; wo aber Dein Wort ist, da bist ja auch Du!   HGt.2.84,28

Ein Weiser kann ja nur wieder von Weisen erkannt und verstanden werden!   GEJ.4.222,6

Frage aber ja nie: ‚Herr! wo bist Du?' – Da werde Ich dir nicht sagen: ‚Hier bin Ich!' – sondern frage sorgfältig dein Herz, ob es Mich liebt, und Ich werde in deinem Herzen, das Mich liebt, zu dir rufen: ‚Hier bin Ich zu Hause in aller Fülle Meiner Liebe, Gnade und Erbarmung!'

JJ.247,22-24

Das allein wahre Gebet besteht in der aufrichtigen Liebe zu Gott, dem Vater im Himmel, und gleichermaßen zu den Nebenmenschen, die eure Nächsten sind. Alles andere Gebet hat vor Gott keinen Wert, und vor Mir auch nicht.

GEJ.2.111,3

Alles, was dich die Weisheit aus Meiner Liebe lehren wird zu tun, wirst du ungehindert durchsetzen, und dir wird darob kein Haar gekrümmt werden. Denn da, wo die Weisheit gebietet, da hat sie auch von Mir zur Ausführung die besten Mittel in großer Menge.

Hi.1.10,7

Seid heiter und fröhlich untereinander in Meinem lebendigen Namen! Denn Ich bin wahrhaft mitten unter euch! – Wer da zurück ist irgend, der beeile sich vorwärts zu kommen! – Und merket alle: Die Zeit ist kurz, und es stehet die Erfüllung nahe vor der Türe!

Hi.2.53,24

Seid also alle voll des guten Willens zum Guten, so wird man es mit dem Werk so genau nicht nehmen, da ein guter Wille schon als ein Werk des Geistes zu betrachten und zu nehmen ist.

BM.68,28

Ich bin auch ein Reisender und Mein ganzes Gepäck besteht in einem Kreuze. Bei dir habe Ich nun Herberge genommen! Und du wirst Mich ja wohl also behalten. Denn siehe, wo Ich nicht mit Meinem Kreuze komme, da bin Ich auch nicht willens zu bleiben. So Ich aber komme mit Meinem heiligen Gepäcke, dem Kreuze, da bin Ich dann auch mit Sack und Pack da und bin, glaube es fest, nicht so leicht wieder hinauszubringen!   Hi.2.52,13-14

Eine freie, wahre, innere Sittenreinheit mit der wahren, alles opfernden Nächstenliebe ist bei Mir über alles. Wer rein ist, der soll bloß rein sein im Herzen vor Gott, aber die Welt soll nicht viel wissen davon; denn wenn die ihn darum lobt, so wird er von Mir wenig Lob zu erwarten haben.   GEJ.2.209,2

Liebe ist das einzige Band zwischen Mir und dir; sie ist die allein wunderbar allmächtige Brücke zwischen Mir, dem ewig allmächtigen, unendlichen Schöpfer, und dir, Meinem endlichen Geschöpfe. Auf dieser Brücke kann Ich zu dir und du zu Mir kommen, wie da kommt ein lieber Vater zu seinen Kindern und die Kinder zu ihrem lieben Vater.   GS.1.98,5

Ich bin dein schwacher Jesus und komme dir entgegen, um mit Meiner Schwäche zu helfen deiner Schwäche; denn käme Ich mit Meiner Kraft dir entgegen, so hättest du kein Leben! Liebe Mich, wie Ich dich liebe von Ewigkeit, so wirst du das wahre ewige Leben haben!   JdS.2,35

Eben darum bin Ich aber ja auch in diese Welt gekommen, um euch allen da Hilfe zu geben, wo ihr aus euch selbst ewig keinen Ausweg mehr gefunden hättet! Darum vertrauet und bauet allzeit auf Meinen Namen, und es wird euch dadurch das unmöglich Scheinende möglich werden! GEJ.2.164,10

Wo dein Schatz sein wird, da wirst auch du sein mit deinem Herzen, in dem der Hauptschatz wohnt. Bin Ich dir ein köstlicher Schatz geworden in deinem Herzen, – wahrlich, so sollst du Meiner ewig nimmer ledig werden; denn da Ich wohne in der Liebe, da bin Ich eigentlichst zu Hause und ziehe ewig nimmer aus – aus solcher Wohnstätte! Lasse Mich daher fortwährend wohnen in deinem Herzen, und Ich werde für dich in keiner Verborgenheit wohnen! Denn nur die Liebe allein kann Meine Gegenwart ertragen. JJ.247,15-19

Wer in seinem Herzen auf Mich hält, dessen Tätigkeit wird ersprießlich sein zum ewigen Leben! Ste.34,28

Frage dein Herz, deine Liebe! Was sagt diese? Was ist ihre Sehnsucht? Hat dir diese aus deinem Leben heraus ganz bestimmt geantwortet, so hast du dann schon in dir selbst dein Los entschieden: denn jeder wird von seiner eigenen Liebe gerichtet! BM.16,2

Was Gott zulässt, ist gut, und am Ende ist dem vollends reinen Menschen dennoch alles rein, was die Erde in und auf sich und über sich trägt. GEJ.2.205,10

Du wolltest Gott nie erkennen und also auch nie lieben! Darum tatest du auch nichts, aus Furcht, es möchte ein besserer Geist in dich fahren, der dich zur Demut, zur Nächstenliebe und daraus zur wahren Erkenntnis und Liebe Gottes geleitet hätte! So du aber schon deine Brüder nicht liebst, die du siehst und trotzdem nicht lieben magst, wie solltest du Gott lieben, den du noch nicht siehst, weil du Ihn nicht sehen willst! BM.21,20-21

Du redest wie aus dir selbst, und dennoch redest nicht du aus dir, sondern Ich! Dein Herz vernimmt genau Meine Gedanken, und Mein Wille bleibt ihm nicht fremd! Und siehe, das alles ist das Werk Meines schon stark wach gewordenen Geistes in dir. RBl.1.52,1

Sehet, darin liegt die endlos allerhöchste Würde und Größe unserer Kindschaft, dass der unendliche, ewige Gott sich selbst erst in uns einen Vater nennt und erst dann unser wahrhafter Vater in der allerhöchsten Liebe wird, so wir Ihn als solchen in unseren Herzen erkennen und Ihn in aller Liebe auch also rufen! So sich aber der unendliche Gott erst in uns will als Vater vollkommen manifestieren, saget, was Höheres könnte da wohl noch gedacht werden?! HGt.2.82,21-22

Der aber Meiner vergessen kann der Welt wegen, nachdem Ich ihm so vieles schon getan habe von Ewigkeit her – wahrlich, den werde Ich seiner Untreue wegen nicht mehr suchen und werde ihn gehen und fallen lassen, dahin er will. Und Ich werde Mich in Ewigkeit nicht mehr um ihn kümmern, da Ich auf ihn nicht anstehe, wohl aber er auf Mich. Hi.1.263,8

Um unendliche Dinge zu begreifen, muss man nie beim Einzelnen anfangen, auch nicht bei dem Gegenstand, den man ergründen möchte, sondern immer einfach bei sich selbst. Verstehst du dein eigenes Wesen, so wirst du auch alles andere verstehen und ergründen können. Aber solange du dir selbst nicht zur vollsten Klarheit geworden bist, kann auch alles andere in dir zu keiner Klarheit werden.   RBl.2.151,10

Gott hat darum dem Menschen Gebote gegeben zum Heile seiner Seele. Will er sie befolgen, so wird er leben und glücklich sein für ewig; will er sie aber durchaus nicht befolgen, so wird er sich dafür nur selbst strafen.
                    GEJ.7.101,4

Mensch, bedenke es wohl, und erwäge es tiefst im Herzen, zu wem du ‚Heiliger Vater!' rufst, und warum! Mache dich aber auch Seiner würdig durch das, was da eben dieser dein heiliger Vater auf der Erde darum von dir verlangt, damit du Ihm ein rechtes und völlig wahres liebes Kind würdest, – vollkommen wie Er selbst! Ja wahrlich, ihr müsset vollkommen sein, wie Ich selbst es bin, wollt ihr für ewig die Kindschaft erlangen! Denn das ist ja das Allerhöchste, dass ihr Meine Kinder seid und Ich euer Vater!   HGt.2.80,23-26

Wen irgendein Zweifel drückt, der denke, dass der Zweifel nur eine Folge dessen ist, dass jemand nicht mit Mir wandelt und sich nicht von Mir ziehen lässt. Wer aber einen Zweifel hat, der komme zu Mir und glaube, so wird ihm Licht werden in dem, worüber er gezweifelt hat.   Hi.1.382,23

Leichter ist, recht predigen als recht tun. Was nützt aber das leere Wort, wenn es nicht Leben durch die Tat bekommt?! Was nützen dir die schönsten Gedanken und Ideen, so dir das Vermögen mangelt, sie je ins Werk zu setzen?! So nützen die schönsten und die wahrsten Worte ebenfalls nichts, wenn dir selbst nicht einmal der Wille eigen ist, sie vor allem ins Werk zu setzen. Das Werk allein hat den Wert; Gedanken, Ideen und Worte aber sind wertlos, wenn sie nicht irgend ins Werk gesetzt werden. Darum soll jeder, der gut predigt, auch selbst gut handeln, – sonst ist seine Predigt nicht mehr wert als irgendeine hohle Nuss! GEJ.4.78,9

Also ist es von Ewigkeit des Herrn Wille, dass alle Seine Geschöpfe, und ganz besonders Seine Kinder, Licht haben und im Lichte wohlsehend wandeln sollen. JdS.2,29

Suche, dass dein Herz voll werde, und erwache in der Liebe! Solange du nicht Liebe zu Gott in dir verspüren wirst, wird es noch sehr viel leere Arbeit geben für deine Hände! Dies merke dir nun und wisse, wo es am Ende hinaus muss. So wirst du in rechter Reue und Demut und Geduld arbeiten, um zu einem wirklichen Ziele zu gelangen und dadurch zum klaren Schauen und zum eigenen wahren Gerichte – und aus dem zur Gnade. BM.20,12-13

Wie aber der Herr selbst sich bis auf den äußersten Punkt gedemütigt hat, also müssen auch wir es tun, so wir dahin kommen wollen, wo Er ist! BM.68,18

Wo aber in einem Gemüt noch irgendeine Angst, Furcht und Bangigkeit erweckt werden kann, da ist von einer vollkommenen Seligkeit unmöglich irgendeine Rede!

GEJ.3.177,20

Der Mensch ist darum zuerst ein Mensch aus Gott und dann erst ein Mensch aus sich. Solange er allein aus Gott ist, gleicht er einem Embryo im Mutterleibe; erst wenn er auch aus sich selbst ein Mensch wird in der Ordnung Gottes, dann ist er ein vollkommener Mensch, weil er dadurch erst zur wahren Gottähnlichkeit gelangen kann. Ist er zu dieser gelangt, dann bleibt er wie ein Gott in Ewigkeit und ist ein Selbstschöpfer der weiteren Welten und Wesen und Menschen geworden.

GEJ.4.56,4

Je größer jemandes Kreuz ist und je schwerer zu tragen, desto leichter und unfühlbarer wird sein Übertritt von dieser Welt der Materie in die des Geistes sein. Denn alles, was Christus nachfolgt, muss den Weg des Fleisches wandeln. Alles muss in Christus gekreuzigt werden und in Ihm sterben, ansonst es in Ihm und durch Ihn ewig zu keiner Erweckung und Auferstehung gelangen kann!

JdS.10,29

Durch die wahre Demut und Liebe zu Mir aber kann jeder sein angeerbtes Talent erhöhen bis ins völlig geistige Leben! - Jedoch hat darum keiner etwas vor dem anderen; sondern, dass er mit seinem besonderen Talente seinen Brüdern in aller Liebe dienen könne und solle - darum wird jedem auch Besonderes gegeben!

Hi.2.95,2

Der rechte Mensch nach der rechten Ordnung aber soll nicht reden, außer die Wahrheit nur; kennt er diese nicht, so soll er schweigen, suchen und forschen. Und hat er die Wahrheit gefunden, dann soll er auch reden! Denn wer da redet und hat die Wahrheit noch nicht erkannt, lügt, wenn er auch zufällig die Wahrheit spricht!   GEJ.3.47,3

Wie ihr nun seid vor Mir und Ich durch die Liebe in euch und ihr also auch in Mir, also auch bleibet fortan, so werdet ihr Mich nie vermissen; denn wie ihr sein werdet bei Mir und in Mir, also werde auch Ich sein und bleiben bei euch und in euch fürder und fürder, und eures Friedens und eurer Ruhe wird nimmerdar ein Ende sein!   HGt.2.22,3

Der nach dem Ebenmaße Gottes geschaffene Mensch soll zufolge der ihm dazu verliehenen Fähigkeiten Gott in allem ähnlich zu werden trachten und soll auch seine kleine Sonne, die er im Herzen trägt, über alle Kreatur leuchten lassen und den als seinen Nächsten – ob er Feind oder Freund ist – ansehen, der sich in einer großen Not befindet und einer Hilfe bedarf!   GEJ.2.234,10

Es tötet zwar jede Liebe, auch die Liebe zu Gott; aber in keiner getöteten Liebe wird sich das Leben je wiederfinden denn allein in der Liebe zu Gott, weil Er allein das ewige Leben selbst ist. Es wird zwar jede Liebe sich wiederfinden ihrer selbst bewusst; allein, Freunde, es wird in dem Wiederfinden ein undenklicher Unterschied sein, nämlich: ob im Leben, oder ob im Tode!
                                          HGt.1.150,14-15

Wie Mir Selbst alle Macht und Gewalt im Himmel und auf dieser winzigen Erde eigen ist, ebenso soll sie auch euch allen, die ihr an Mich glaubet und Mich über alles liebet, vollends eigen werden; denn die Kinder eines Vaters dürfen nicht minder vollkommen sein, als wie endlos vollkommen da ist ihr Vater.　　　GEJ.8.38,10

Wahrlich, es gibt im Himmel, wie auf der Erde nichts Größeres, Mächtigeres und Erhabeneres als Meine Kinder. Wer somit die Kindschaft hat, der hat mehr, als was alle Himmel umfassen; ja wahrlich, er hat unendlichmal mehr! Denn er hat Mich, Gott, den ewigen, unendlichen, ja den über alles erhabenen Gott voll Macht, Kraft und Heiligkeit, als den liebevollsten, allein nur wahren Vater in sich und ist also völlig in Mir, das heißt in aller Meiner Vollkommenheit, welche da ist Meine unendliche Liebe, Gnade, Weisheit und Stärke.

HGt.2.83,4-5

Wer nicht im Herzen beten kann, der bete lieber gar nicht, auf dass er sich vor Gott nicht unanständig gebärde! Füße, Hände, Augen, Ohren und Lippen hat Gott dem Menschen nicht gegeben, dass er damit eitel und leer beten solle, sondern allein das Herz!　　GEJ.2.111,5

Suche du vor allem nur Mich durch die wahre Selbstverleugnung, innere Liebe, Geduld und Sanftmut! Denn so du Mich allein suchest, wirst Du Mich auch finden. Und hast du Mich gefunden, dann hast du alles gefunden. Denn Ich allein bin der größte Schatz aller Schätze und bin mehr als alle Welten und alle Himmel!

Hi.1.408,4

Was dir dein Herz aus seiner Tiefe heraus gebietet, das tue du, und es wird das nie gefehlt sein; dessen kannst du vollends versichert sein!   GEJ.3.111,2

Siehe, des Vaters Worte möchtest du nicht achten; daher dürftest du achten die deines Herrn, so dir des Vaters Worte etwa nicht genügen sollen! Sollte dir aber der Herr auch noch zu wenig sein, so wird da der Gott Seinen Arm über deinen Nacken ausstrecken! Ich sage dir aber, für jetzt hast du noch des Vaters Wort; wenn aber des Herrn Wort kommt über die trägen Knechte, so ist das ein schreckliches Wort! Gottes Worte aber sind ein Donner des Gerichtes! Daher gehorche dem Worte des Vaters, damit du nicht der Knechtschaft und dem Gerichte anheimfällst.   HGt.2.84,8-10

Jeder muss selbst ernstlichst Hand an sein eigenes Werk legen, ansonsten es unmöglich wäre, zu Gott, dem Herrn aller ewigen, unendlichen Herrlichkeit zu gelangen. Denn jeder muss selbst tun aus seiner Liebe heraus, was da in seiner Kraft steht, ansonsten er nie zu der wahren Freiheit seines Geistes gelangen kann. Gott ist wohl allmächtig, aber Seine Allmacht macht niemanden frei, da eben sie es ist, aus der wir durch unsern freien Willen und durch die Liebe zu Gott frei gemacht werden müssen. Sonst wären wir nichts als Maschinen und Automaten dieser Allmacht Gottes.
                    BM.68,9

Durch Armut, Not und andere Lebensbeschwernisse aber wird das Fleisch schon in Christus gekreuzigt und getötet.   JdS.10,30

Wollt ihr aus Meiner Lehre für euer Leben einen wahren Nutzen ziehen, so müsst ihr sie vorerst verstehen und dann erst der Wahrheit gemäß danach handeln!

GEJ.1.155,14

Die pure Wahrheit nützt dem Menschen fürs ewige Leben wenig oder nichts, solange er sie in sich nicht durch die Tat lebendig gemacht hat. Hat er aber das getan, so kommt dann das Licht des ewigen Lebens in Strömen und erleuchtet alle Wirrwinkel der Menschenseele, wie am hellen Mittage die Sonne in alle noch so tiefen Täler und Gräben ihr Licht spendet, sie erwärmt und dadurch mit ihrem Leben erfüllt.

GEJ.2.234,11

Ängstige dich nicht vergeblich! Siehe, wir sind ja lauter Wanderer in dieser Welt, und der Herr ist unser Führer! Wohin der Herr uns führen will, dahin folgen wir Ihm auch ganz ergeben in Seinen heiligen Willen; denn Er allein weiß es ja, wo und was für uns am besten ist! Siehe, du ängstigest dich allzeit, so uns der Herr etwas Neues zusendet; ich aber bin darob voll Freuden, – denn nun weiß ich es ja, dass der Herr allzeit für unser Bestes sorget!

JJ.113,5-7

Ist das Herz das, was es sein soll, nämlich ein Gefäß der Liebe zu Gott, ein Gefäß voll Sanftmut und Demut, dann ist volle Wahrheit in solch einem Herzen; wo aber Wahrheit ist, da ist Licht und Freiheit, denn das Licht der Wahrheit macht jegliches Herz frei. Ist aber das Herz frei, so ist auch frei der ganze Mensch.

GEJ.1.27,14

Ich gebe euch nun eine vollkommen freieste Kirche, die keiner andern Einfriedung benötigt als bei jedem Menschen für sich das höchst eigene Herz, in dem der Geist und die Wahrheit wohnt, allwo Gott von den wahren Verehrern allein erkannt und angebetet sein will!   GEJ.1.202,8

Jeder Schritt und Tritt von dir muss von der höchsten und tiefsten Wahrheit im Denken, Wollen, Reden und Handeln begleitet sein, wenn das wahre, innerste Leben in dir selbst zur lichtesten Wahrheit werden soll; ist aber das nicht der Fall vom Alpha bis zum Omega, so, merke es wohl, ist das innerste Leben in dir selbst eine barste Lüge!   GEJ.5.62,11

Siehe, in der Schule deines eigenen Herzens wirst du alles finden! Der Geist der Liebe in dir wird dich in alle Geheimnisse leiten und dir offenbaren, was bis jetzt vor allen Augen verschlossen war; des sei völlig gewiss!   HGt.2.65,20

Es wird aber das Leben beschaffen sein, wie da beschaffen ist die Liebe. Ist die Liebe zeitlich, so wird auch das Leben ein vergängliches sein gleich der Liebe, welche da ist die alleinige Bedingung des Lebens; in solcher Liebe aber ist kein Licht. Ist aber die Liebe für ewig gestaltet, so ist auch das Leben gleich ihr; und sehet, solche ewige Liebe ist erst das lichte Wachwerden des ewigen Geistes, der da selbst nichts als pur Liebe ist.   HGt.2.56,14-15

Des Menschenverstandes Wissen, Glauben und Handeln ist eine eitle Träumerei und ist kein Lebensnutz darin. Alles muss der Mensch sich zum Herzen nehmen, in dem das Leben weilet; was er ins Herz legt, wird aufgehen und die verheißenen Früchte tragen.

GEJ.3.243,6

Gott über alles lieben, heißt: in Gott ganz auf- und eingehen, – und den Nächsten lieben, heißt ebenfalls: in den Nächsten ganz eingehen, ansonst man ihn nie ganz lieben kann; eine halbe Liebe aber nützt weder dem, der liebt, noch dem, der geliebt wird. GEJ.4.1,6

Wir sollen wohl in den Tälern der Demut wohnen; aber darin sollen wir nicht vergessen, dass die Berge der freien Gott- und Menschenerkenntnis zu besteigen sind – was von Gott selbst vorgeschrieben ist! Hi.2.361,15

Versuche dich doch einmal, ob du schweigen und im Stillen bloß nur denken kannst; denn eine gewisse äußere Ruhe ist notwendig zur Erweckung des Geistes, ohne welche dieser allergewichtigste Lebensakt nie in die erfüllende Wirklichkeit übergehen kann! GEJ.3.60,21

An der Person des Nazaräers ist lange nicht alles gelegen, sondern alles liegt da an dem, was dein Herz dazu sagt! Hättest du den rechten Grad Wärme dazu und dafür, so hättest du den Nazaräer schon erkannt und hättest nicht nötig, zu fragen nach Ihm; denn die Liebe findet die Liebe bald und leicht. GEJ.5.58,2-3

Wollt ihr aber schon in einem erhabenen Tempel eure Herzen zu Mir erwecken und vor Mir in eine rechte Demut eingehen, da gehet hinaus in den weiten Tempel Meiner Schöpfungen, und Sonne, Mond und die Sterne alle und das Meer, die Berge, die Bäume und die Vögel in der Luft, wie die Fische im Wasser und die zahllos vielen Blumen auf den Feldern werden euch Meine Ehre verkünden! GEJ.1.49,12

Befleißigt euch vor allem Wissen zunächst einer rechten Liebe und Demut, damit der Herr euch ungehindert leiten kann. Wollet nichts als nur Seine Liebe. So gelangt ihr zur größten Erkenntnis und diese ist - Wohnung zu nehmen im Herzen Gottes, wo ihr alsdann alles erschauet, nicht durch euch selbst, sondern durch Gottes Liebe, die es euch wie Schuppen von den Augen fallen lassen wird. GEJ.11.57,2

Wo und wann immer ein Mensch wahrhaft für das Heil seiner Seele gearbeitet hat, dort und dann hat er auch am meisten und wahrhaft und am alleruneigennützigsten gearbeitet; denn eine rechte Tätigkeit zum Wohle und Heile der eigenen Seele schließt ja ohnehin alle andere selbstsüchtige Tätigkeit ganz vollständig aus, weil die Selbstsucht und Eigenliebe die Liebe zu Gott und zum Nächsten völlig ausschließt. GEJ.5.73,9

Höret aber mit dem Herzen, nicht nur mit den Ohren; denn alle Geheimnisse und Lehren, welche Ich euch offenbare, können nur dann begriffen werden, wenn das Herz deren Wahrheit fühlt und nicht der bloße Menschenverstand um sein Urteil gefragt wird! GEJ.11.15,8

Es ist bei guter Gelegenheit so manches oft schnell erlernt und auch begriffen, – aber über andern Erscheinungen auch ebensobald vergessen! Darum erfasset
alles, was ihr vernehmet, mehr mit eurem Gemüte
denn mit eurem Gehirne, so wird es euch auch bleiben!

GEJ.3.65,5

Ein rechter Jünger Meiner Lehre soll niemals etwas
leichtfertig ohne eine vorangegangene genaue Prüfung
annehmen. Erst wenn er von allem, was darin vor-
kommt, sich eine gründliche Einsicht und Überzeugung verschafft hat, soll er dann das Gute und Wahre
als lebenswahr annehmen und darauf klug und weise
danach handeln; und er wird dadurch ganz sicher zu
jenen Resultaten gelangen, die man mit allem Fug und
Recht als aus den Himmeln herab gesegnet anpreisen
kann.

GEJ.5.88,1

Wer nicht im Geiste seiner Liebe zu Mir kommt und
Mich bittet und dankt im selben Geiste der Liebe,
wahrlich, den werde Ich eher nicht ansehen und erhören, als bis er sich völlig gebrochen hat und eingegan-
gen ist in seine innere Welt und Mir da gebracht hat
ein neues, lebendiges Opfer der reinen Liebe im Herzen seiner Seele, in welchem da wohnt der lebendige
Geist, ein alter Abstämmling Meiner ewigen Liebe!

HGt.2.66,6

Niemals ist der Herr größer und unerforschlich wun-
derbarer als eben in solchen Momenten, da Er sich am
allermeisten herablässt zu Seinen Kindern!

GS.2.8,17

Ich aber lehre euch nicht bloß um euretwillen selbst, sondern damit ihr danach auch Lehrer, Führer und Wegweiser eurer anderen blinden Brüder und Schwestern würdet in Meinem Namen, und darum müsset ihr umso tiefer eingeführt werden in die Geheimnisse Meines Reiches, Meines Wesens, und müsset erkennen auch den Menschen in seinem ganzen Wesen, von seinem tiefsten Ursprunge angefangen bis zu seiner höchsten und wie möglichen Vollendung und vollsten Gottähnlichwerdung!   GEJ.4.121,15

Ich aber will es, und muss es also wollen, dass ein jeder Mensch auf dem von Mir vorgezeichneten Wege fortschreitet und sich mit eigener Mühe und Aufopferung das erwirbt, dessen er für hier und für jenseits bedarf, ansonst er nie vollauf selbsttätig und eben darum auch nie selbständig werden könnte. Volle Selbständigkeit aber ist zur möglich höchsten Seligkeit eines der allernötigsten Stücke.   GEJ.3.177,14

Wer sich selbst erniedrigt und keine Spur irgendeines Hochmutes in sich verspürt, der ist der Größte im Himmelreiche; denn nur die wahre Demut eines reinen Herzens bestimmt allein den Seligkeitsgrad in den Himmeln.   GEJ.5.244,3

Leset wenig, aber betet desto mehr, so werde Ich zu euch kommen und euch in einer Minute mehr geben, als alle Bibliotheken der ganzen Welt aufzuweisen haben.   Hi.3.54,16

Menschen, die voll Liebe sind in ihrem Herzen, gegen diese ist auch die Liebe des Herrn mächtig wirkend. Dadurch geschieht ein Konflikt zwischen Liebe und Liebe, und diese Liebe wirkt dann wohltätig nach außen. Sie erleuchtet und erwärmt, was sie umgibt; aber in sich selbst bleibt sie kühl, weil sie keine Eigenliebe ist.   GS.2.34,11

Der Herr ist allzeit die reinste Liebe, somit endlos gut, und alles, was Er tut, ist gut. Daher geschehe nur ganz allein Sein allerheiligster Wille!   JdS.10,38

Wer an Mir Freude hat und Mich liebt, an dem habe auch Ich Freude und liebe ihn.   GEJ.8.103,9

So du mich suchest, da musst du Mich aber bei dir und nicht bei andern suchen! Denn kann der in der Fremde gesucht werden, der da beständig in dir zuhause ist und deiner harret!?   Hi.1.409,5

Es ist wohl recht löblich, um vieles zu wissen, weil man dadurch gar manchem Menschen einen guten Rat schaffen kann; aber besser ist es, viel und wahrhaft lieben! Denn die Liebe erweckt und belebt.   GEJ.3.175,6

Nichts, – nichts können wir tun, als nur lieben Ihn aus allen den von Ihm uns gegebenen Kräften und dankbar fröhlich genießen jegliche Gabe der ewigen Liebe aus Ihm!   HGt.2.25,43

Auch das ist eine Hauptregel der wahren Nächstenliebe! Der Nächste muss verlangen, entweder durchs
vernehmbare Wort, durch Hilferuf, oder im schlimms-
ten Falle durch leicht ersichtliche stumme Not, und
dein Herz muss alsogleich aus Liebe fest wollen, danach tätig zu sein; dann ist die Nächstenliebe wahrhaft
in der göttlichen Ordnung ausgeübt worden, und die
Wirkung davon für die Seele und für den Geist des Ge-
bers wird da nicht unterm Wege verbleiben.   GEJ.2.236,3

Einem jeden wird eine warnende Stimme in sein Herz
gelegt werden, die ihm zeigen wird, was da gut und allein wahr ist. Wer diese Stimme hören und sich danach
halten wird, der wird zum größeren Lichte gelangen,
und dieses wird ihm alle Pfade der göttlichen Ordnung
erleuchten.   GEJ.2.230,11

So du dich für unwürdig hältst, an Meiner Seite zu
wandeln, wen hältst du dann für würdig? Sieh, Ich bin
nicht gekommen zu den Starken, so sie irgendwo seien,
sondern nur zu den Schwachen und Kranken kam Ich.
So jemand gesund ist, bedarf er des Arztes wohl nicht;
nur der Kranke und Schwache bedarf des Arztes. Bleibe
du daher nur ganz guten Mutes bei Mir, denn Ich habe
dir deine Sünden schon lange vergeben, und so du auch
an Meiner Seite sündigen wirst, werde Ich dir es auch
vergeben; denn nicht in deiner Stärke, sondern in deiner Schwäche, darum du Mich erkannt hast, sollst du
vollendet werden durch die alleinige Gnade von oben!

                                                GEJ.1.11,14

Tut alles, was ihr tut, aus wahrer, lebendigster Liebe zu Mir, eurem Vater, und Ich werde dann schon etwa auch wissen, womit Ich Meinen lieben Kindern eine wahre Gegenfreude werde zu machen haben! GEJ.8.38,13

Wer aber da hat eine Last auf dem Herzen, der komme zu Mir; denn wahrlich, sage Ich nun, er wird nirgends Erleichterung finden denn allein bei Mir! HGt.2.63,3

Kommet alle zu Mir, die ihr mühselig und beladen seid, damit Ich euch die Lasten abnehme! Ich verlange nichts, als dass ihr Mich liebet dafür, und Ich werde euch sodann alle erquicken. Wer aber trotz seiner großen Sündenlast nicht freiwillig zu Mir kommt, der wird Mein Angesicht nie schauen können; am allerwenigsten aber wird er durch auch noch so edle Taten, ohne Liebe im Herzen, sich ein Verdienst erringen, das Mich zwingt, Mich ihm zu nähern. GEJ.11.22,6

Kindlein, sehet Mich an in euren Herzen, und ihr werdet mit erleuchteter Seele erschauen, dass Ich, euer Vater von Ewigkeit, es bin, der Ich nun zu euch sage, dass ihr Meine Kindlein seid! HGt.2.259,3

Man betrachte die Werke Gottes, Seine Güte und Weisheit und halte gewissenhaft Seine Gebote, liebe seinen armen Nächsten wie sich selbst, und man liebt dadurch auch schon Gott über alles! GEJ.5.73,3

Seid ihr aber also vollkommen, dann seid ihr auch wahrhaftige Kinder Gottes und könnt zu Ihm stets rufen: Abba, lieber Vater! Und um was ihr Ihn bitten werdet als Seine wahren Kinder, das wird Er euch geben; denn der Vater ist übergut und gibt Seinen Kindern alles, was Er hat! GEJ.1.50,13

Für alles das notwendige Äußere wird schon von Mir aus gesorgt, und es genügt für jeden Menschen, so er nur sorgt für die Reinigung des höchst eigenen Herzens; ist das in der Ordnung, so wird dann schon auch alles Äußere wie von selbst in die beste Ordnung kommen. GEJ.3.113,19

Wahrlich, wer da liebgläubig Meinen Namen anruft, der soll auch die Macht desselben erfahren, wenn er nicht zweifelt im Herzen. Wer aber an der allzeit sicher wirkenden Macht Meines Namens noch zweifeln kann, der ist auch noch nicht tüchtig zu Meinem Reiche und wird nicht viel vermögen, da er noch keinen festen Grund hat. Hi.2.80.11

Die Liebe, die da wohnt im Herzen, muss vor allem gestärkt, gebildet und geläutert werden, und alles, was der Mensch tut, was er will, was er denkt, und was er urteilt, muss von der lebensheißen Lichtflamme aus dem Feuer der reinen Liebe erleuchtet und durchleuchtet sein, damit da alle Geister erwachen am Morgen des im Menschenherzen werdenden Lebenstages. GEJ.5.62,4

Über die Zunge eines wahren Menschen aber soll nie eine Lüge kommen; denn durch die Lüge gibt die Seele von sich selbst ein Zeugnis, dass sie noch im Tode und nicht im Leben wandelt! Wen darum eine Lüge ergötzt, der kennt noch lange den Wert des Lebens nicht; denn Leben und Wahrheit sind eins! Die Wahrheit erst macht deine Seele frei und schließt ihr die Unendlichkeit Gottes auf im Wesen, Sein und Wirken. GEJ.3.47,4-5

Erwecke nun dein Herz! Tue alles, was du tust, aus dem wahren Lebensgrunde! Liebe Gott Seiner selbst willen über alles und ebenso deinen Nächsten! Tue das Gute des Guten willen aus deinem Lebensgrunde heraus, und frage nicht ob deines Glaubens und ob deiner Tat nach der Erfüllung der Verheißung, ob sie wohl kommen werde oder nicht! Denn die Erfüllung ist eine Folge dessen, dass du lebendig im Herzen glaubst, fühlst und aus dem lebendigsten Liebesdrange heraus tätig wirst. GEJ.3.243,4-5

Ihr seht Christus, den Herrn, vielleicht schon geraume Zeit, mögt Ihn aber nicht erkennen, weil Er euch viel zu wenig göttlich vornehm aussieht. RBl.2.276,15

Wer aber Mein Wort liest, der lese es aufmerksam und behalte es wohl im Herzen und tue nach seiner Kraft nach dem Worte und sei nicht bloß ein eitler Leser oder Hörer desselben, sondern ein wahrer und lebendigwarmer Täter, so wird er auch die rechten Früchte ernten, wie sie im Worte der alten und neuen Offenbarung verheißen sind. Hi.3.266,13

Also ist die rechte Liebe beschaffen: Stille duldend und nichts suchend denn allein den Gegenstand, den das Herz liebt. Und hat das Herz den gefunden, dann ist es glücklich und überglücklich, – wenn es den Geliebten auch nicht vor den Augen hat, aber desto mehr im Herzen. Wenn aber der Geliebte sieht die stille, duldende Sehnsucht des Liebenden, da er ist voll Demut und sich kaum getraut, aufzublicken zu dem Geliebten, – wahrlich, der ist es, dessen Liebe gleichkommt der Liebe Dessen, den er liebt, und der ihn schon liebte, ehe er noch war!

HGt.1.166,16

Da du darum stumm wurdest in deinem Herzen, ward Ich erst ein Herr im selben, und also hast du wahrhaft das ewige, unvergängliche Leben überkommen, und Ich werde dir fürder und fürder kein fremder und unbekannter Vater mehr sein, sondern stets ein wohlbekannter, dir stets gegenwärtiger, in dir allzeit ein stets wohlvernehmbarer, starker, mächtiger und allgewaltiger Vater werde Ich sein.

HGt.2.21,22

Nichts ist dem Herrn angenehmer, als so wir unsere Feinde mit Liebe behandeln und sorgen für ihr zeitliches und ewiges Wohl! Betrachten wir jeden Sünder als einen irrenden Bruder, so wird uns auch Gott als Seine irrenden Kinder betrachten.

JJ.62,5-6

Bist du rein in deinem Herzen, so wird für dich alles rein sein, d.h., du wirst da alles in der Wahrheit erschauen; ist dein Herz aber unlauter, so wird auch alles also sein vor dir, wie da ist dein Herz.

HGt.2.248,13

Also aber ist der Weg, und das ist das alleinige Weck-
mittel des Geistes, dass ihr alle euch im Herzen, das
heißt in der allervollkommensten Liebe, an den allerheiligsten Vater wendet voll Vertrauen und voll gerechter, uneigennütziger Treue.

Wenn ihr aber gewahren werdet, dass es da in eurem
Herzen heißer und heißer wird, dann achtet auf euer
Herz; denn dann ist die Entzündungs- und Lichtzeit
auch schon da. Und so dann eure Herzen alle erbrennen werden zu Gott, dem allerheiligsten, liebevollsten
Vater, da schauet in euch, und ihr werdet die Wunder
des ewigen Lebens in euch erschauen!   HGt.2.56,11-12

Wahrlich, sage Ich euch, ein Herz, das Mich wahrhaft
liebt, gibt Mir mehr als alle Himmel und Welten mit aller ihrer Herrlichkeit. Ja, Ich will 99 Himmel verlassen
und ein Herz suchen, das Mich lieben kann!   BM.186,10

Ihr sollt über dem Gesetz des Fleisches stehen durch
die freie Macht der Selbstverleugnung und durch die
Liebe und den lebendigen Glauben an Gott den Herrn,
auf dass ihr allen Gesetzen und allen Gerichten ledig
werdet. Nur wer sich in der Liebe zu Gott über alles
Gesetz frei erhebt, der wird auch frei werden in Gott
und in aller Wahrheit! Denn die Liebe in Gott ist die
alleinige Wahrheit.   RBl.2.230,20

Alles liegt demnach an der freien und freudigst offens-
ten Nächstenliebe; die höchstmögliche Selbstverleugnung ist die Offenbarung der Verheißungen selbst.

GEJ.3.241,5

Es mag niemand, auf dem Sande stehend, eine Last heben, ohne dabei selbst in den grundlosen Sand zu sinken. Wer aber da stehet auf einem Felsen, wird der wohl auch in den Felsen sinken, wenn er eine große Last hebt? – Mein Name aber ist der Fels! Wer darauf bauet, der wird nimmerdar zuschanden werden!

Hi.2.80,11-12

Willst du aber dein Innerstes erkennen, so musst du deine Sinne ja vor allem nach innen richten, gleichwie du deine Augen dahin wenden musst, wo du etwas erschauen willst; wie willst du aber den Aufgang sehen, so deine Augen dem Abende zugewandt sind?! GEJ.3.61,8

O ihr Blinden und Tauben! Warum wurde euch denn gegeben ein Gehör und ein Gesicht geistig und leiblich? Etwa, dass ihr bloß schauen sollet das Gras und anderes Gedinge der Erde und des Firmamentes?! Und das Gehör, dass ihr nur hören möchtet den Gesang der Vögel und anderes Gesumse, Gebrülle, Getöse aus allen Weltgebieten? Oder wurde euch alles dieses nicht vielmehr gegeben, dass ihr es allzeit richten sollet nach innen, das heißt, dass ihr allzeit zuerst auf das merken sollet, was in euch vorgeht, und das, was ihr außerhalb sehet und höret, zu führen in euch zurück bis zur Wurzel alles Seins?! Liegt nicht der Grund aller Dinge lebendig in euch?! HGt.1.116,6-7

Alle, die Mich erkennen und anrufen im Herzen und vertrauen auf die Macht Meines Namens, werden ewig nie zu Schanden und Schaden kommen. GEJ.3.210.2

Unterlass nie, die Ruhe des Herrn zu feiern, sondern gedenke an dieser in deinem Herzen Gottes, deines Herrn und Schöpfers! Denn in dieser Ruhe nur wird dich der Herr, dein Gott, ansehen und segnen dein Leben.

GS.2.48,11

Wie du deinen Bruder und deine allfällige Braut liebst, also auch liebe Gott! Liebe deine Nebenmenschen als lauter Brüder und Schwestern in Gott, und du wirst dadurch auch Gott lieben! Tue allzeit und allenthalben Gutes, so wirst du die Gnade Gottes haben! Sei barmherzig gegen jedermann, so wirst du auch bei Gott die wahre lebendige Barmherzigkeit finden! Ferner sei in allen Dingen gelassen, sanft und voll Geduld, und fliehe den Stolz, den Hochmut und den Neid wie die Pestilenz, dann wird der Herr eine mächtige Flamme in deinem Herzen erwecken, und das gewaltige Licht dieser geistigen Flamme wird alle Finsternisse des Todes aus dir verscheuchen, und du wirst dann in dir selbst eine Offenbarung finden, in der du alle deine Fragen auf das glänzendste lebendig beantwortet finden wirst! Siehe, das ist der rechte Weg zum Lichte und Leben aus Gott, das ist die rechte Liebe zu Gott; diesen Weg wandle!

JJ.146,13-20

Willst du ein Kind des Herrn sein, so musst du nicht sein wollen der Erste und der Vornehmste, sondern musst sein gleich einem geringsten Knechte gegen alle diejenigen, die du führest. Du musst sie nicht lehren die Weisheit in sich, sondern die Demut und Liebe in sich, dann wirst du und die Deinigen erst diejenige wahre Weisheit überkommen, in welcher da zugrunde liegt alle wirkende Kraft.

GS.2.59,14

Wer sich auf einmal soweit verleugnen könnte, von aller Welt ganz abzulassen, seine Schätze – im rechten Maße – nur den Armen widmete aus purer Liebe zu Gott und kein Wesen triebe mit dem Fleische der Weiber, der würde wahrlich in einer kürzesten Zeit schon vollendet dastehen! Wer aber offenbar eine längere Zeit vonnöten hat, um sich von allen irdischen Schlacken und Anhängseln zu reinigen, bei dem muss der allerbeseligendste Zustand der wahren, geistigen Vollendung auch länger auf sich warten lassen.

GEJ.7.223,4

Seid darum stets und allzeit barmherzig, und ihr werdet dann auch bei Mir eben allzeit Barmherzigkeit finden! Wie ihr euch verhalten werdet gegen die armen Brüder und Schwestern, also werde auch Ich Mich verhalten gegen euch. Ich sage und rate es euch allen: Seid voll Dienstfertigkeit untereinander, überbietet euch im Wohltun, liebet euch wahrhaft untereinander, also wie auch Ich euch liebe, so werdet ihr aller Welt zeigen, dass ihr wahrhaft Meine Jünger und in eurem Geiste vollends Meine wahren Kinder seid. GEJ.4.97,8

So im Menschen alles himmlisch geworden ist, da wird auch schon alles himmlisch, was ihn umgibt! Die Morgen werden Himmelsmorgen, die Tage Himmelstage, die Abende wahre Himmelsabende, und die Nacht wird zu einer Ruhe der Himmel, aber nicht mehr finster, sondern voll des herrlichsten Lichtes für des Menschen reine, mit ihrem Geiste vereinte Seele. GEJ.4.166,6

Also muss ja notwendig ein jeder, der in das Leben seines Geistes eingehen will, sich tagtäglich auf eine Zeitlang in die vollkommene Ruhe seines Geistes begeben und muss in dieser nicht etwa mit allerlei Gedanken umherschweifen, sondern er muss einen Gedanken nur fassen und diesen als ein bestimmtes Objekt unverwandt betrachten. Der beste Gedanke ist hier freilich der Herr. GS.2.44,16

So pfleget auch ihr Meine Worte! Lest sie nicht zum Zeitvertreib; denn es könnte eine Zeit kommen, welche euch dieses Vergnügen vertreibt oder verbittert, wenn ihr nicht durch Gedanken und Taten euer Ich veredelt habt! Handelt nach Meinen Worten, damit ihr, gewappnet mit dem Bewusstsein guter Taten, nicht wie die Mehrzahl hungrig am Buchstaben hängend, sondern an der Lebensquelle der ewigen Liebe Wonne und Seligkeit trinkend, Mich, Mein Wort und Meine göttliche Liebe als euren ‚Vater' auch unter Drangsalen nicht vergessend, die Fahne des Glaubens und Vertrauens hoch erhebt und nicht – wie vielleicht viele – Steine des Unwillens, sondern Segens- und Dankeswünsche Mir entgegensendet, wenn Ich kommen werde, die Palme des Sieges den Ausharrenden zu überreichen. Pred.17,15

Ich bin die Auferstehung und das ewige Leben! Wer an Mich glaubt in der Tat, der ist in Mir schon auferstanden und wird der Seele nach gleichfort leben, so er dem Leibe nach, so es möglich wäre, stürbe tausendmal; denn wer da nun lebt und glaubt an Mich in der Tat, der wird nimmermehr sterben. Hi.3.322,2

Die Liebe zu Gott und die freiwillige Befolgung Seines erkannten Willens sind das eigentliche Element der Himmel im Menschenherzen. Es ist das die Kammer und die Wohnstube des göttlichen Geistes in einem jeden Menschenherzen; die Nächstenliebe aber ist das Tor in diese heilige Wohnstube. Dieses Tor muss ganz geöffnet sein, damit Gottes Lebensfülle in solche Stube einziehen kann, und die Demut, Sanftmut und Geduld sind die drei weit geöffneten Fenster, durch die vom mächtigsten Lichte aus den Himmeln die heilige Wohnstube Gottes im Menschenherzen allerhellst erleuchtet und mit aller Lebensfülle aus den Himmeln durchwärmt wird. GEJ.3.241.8

Wer Gott also liebt, der nötigt Gott, dass Er komme zu ihm und Wohnung nehme in des liebenden Menschen Herzen! Und Gott kommt und nimmt dann durch Seinen Geist Wohnung im Gott über alles liebenden Herzen; und ein solcher Mensch hat dadurch das ewige, unvergängliche Leben in sich und ist völlig eins mit Gott! GEJ.2.119.7

Siehe, die Liebe ist der Anfang aller Weisheit; die Demut aber ist ein mächtiger Hebel der Liebe sowohl als auch der Weisheit! So du demütig bist, wahrlich, es wird dir kein Mensch etwas hinaufreden wollen; denn wo der Kampflustige keine Gegenwehr sieht, da legt er bald selbst seine Streitkeule zur Seite, – und was du hast in dir, das wird dir niemand streitig machen! Und also ist die Demut die größte Beschützerin aller Weisheit und dazu auch die beste Schule zu aller Weisheit, deren Same die Liebe ist. HGt.1.175,6

Ist es nicht wert, dass ein rechter Mensch auf alle Weltschätze verzichtet und aus allen seinen Kräften nur nach der Wiedergeburt der Seele im Urlebensgeiste trachtet? Oder ist es nicht besser, für das ewige Leben der Seele zu sorgen denn um alle vergänglichen Schätze der Welt, die vergehen und verwesen, und zum ewigen, klaren Leben ihrer Seelen wohl nahe niemals völlig wieder zurückkehren? GEJ.8.61,10

Mit dem Lebensglück der von Gott begeisterten Menschen sieht es immer am allerbesten aus; denn diese wissen es in sich, warum sie in diese Welt gestellt worden sind, und so sie leiden, da wissen sie es klarst, warum. Dann haben sie keine Furcht vor dem Leibestode, weil sie das ewige Leben der Seele schon in aller Klarheit in sich haben, fühlen und sehen und in diesem Leben aber auch die Kraft und Macht des Geistes Gottes in ihnen, durch den sie das ewige Leben und die göttliche Weisheit innehaben. GEJ.9.118,24

So der Geist Gottes, der pur Liebe ist, des Menschen geläuterte Seele völlig durchdringt und also der eigentliche Mensch, welcher die Seele ist, ganz durchleuchtet und mit dem ewigen Leben belebt wird, so wird er mit Gott eins. GEJ.10.144,11

Die sind Mir stets die Liebsten, die von selbst zu Mir kommen, Mich allezeit im Herzen aufsuchen und Mich dann von ganzem Herzen über alles lieb haben. - Sie habe aber dann auch Ich über alles lieb und eröffne ihnen alle Schätze Meiner Himmel! Hi.2.333,8

Der Mensch solle sich von keiner Versuchung blenden lassen, als hätte ihn die Liebe und Gnade des Herrn verlassen, sondern er soll sich über alles dieses aus dem innersten Grunde seines Herzens hinwegsetzen und lebendig in sich selbst sagen: O Herr! Lass Du hier über mich kommen, was Dein heiliger Wille nur immer für gut findet; und möge mir dieses alles noch so sonderbar und widersprechend vorkommen, so aber weiß ich dennoch, dass Du über alles das mein allerliebevollster und allerbester Vater bist, und ich will Dich nur umso mehr lieben, je mehr Du Dich vor mir versteckst. Denn ich weiß, dass Du mir allzeit nur um desto näher bist, je entfernter Du mir zu sein scheinst. Darum auch will ich Dich lieben stets mehr und mehr aus allen meinen Lebenskräften! GS.1.94,16

Mir macht nur das Freude, was Meinen Kindlein Freude macht. Nicht Meine Gottheit, nicht Meine Weisheit und Allmacht, auch nicht Meine Allwissenheit, sondern allein die große Liebe zu Meinen wahren Kindern, die Mich lieben, macht die höchste Glückseligkeit Meines ganzen Wesens aus. BM.186,8

Viel Wissen macht den Kopf schwer und das Erdenleben unbehaglich! Aber viel Liebe im Herzen zu Gott und deinen Brüdern macht das Erdenleben angenehm und benimmt alle Furcht vor dem Tode! Denn diese Liebe ist ja in sich selbst das ewige Leben; wer aber das hat, der wird dereinst auch zu schauen bekommen alle Schöpfung! Denn die wahren Liebhaber Gottes werden anschauen Sein Angesicht! JJ.174,13

Also benötigt die Seele eine gewisse innere Ruhe, um zu einem sichern und hellen Bewusstsein ihrer selbst zu gelangen. Je mehr die Seele in sich selbst beunruhigt wird, desto mehr verschwindet denn auch ihr klares Selbstbewusstsein; und ist die Seele einmal in eine möglich höchste Unruhe versetzt, dann weiß sie von sich selbst so gut wie nichts mehr auf so lange, bis sie in die Ruhe zurückgekehrt ist. GEJ.4.151,11

Wer demnach in seine durch die Demut gereinigte Seele die Wahrheit aufnimmt und diese tatsächlich als solche erkennt, den macht dann ebensolche Wahrheit im Geiste frei, und diese Freiheit des Geistes oder das Eingehen des Geistes in solche Freiheit ist dann auch das eigentliche Eingehen in das Reich Gottes. GEJ.1.18,9

Freue dich allzeit Meines Namens; freue dich deines Vaters, und freue dich über alles, was dich wie immer zu Mir erhebt! Aber lass dabei leibliche Anstrengung, die zu nichts nütze ist, sondern freue dich in der Stille des Herzens! Freue dich im Leben über das gefundene Leben, und ziehe nicht, was dem Tode eigen ist, mit in die Freuden des Lebens, so wirst du nimmer einen Schaden leiden, weder am Leibe und noch viel weniger am Leben des Geistes aus deiner und Meiner Liebe zugleich!
Merke dir das wohl, und fasse es so tief wie nur immer möglich ins Leben, so wird deiner Freude nimmer ein Ende werden; und nun stehe auf, und wandle froh in Meinem Namen! Amen. HGt.1.76,5-6

Es muss aber ein jeder Mensch gewisse Schwächen in sich tragen, die da die gewöhnlichen Fesseln des Geistes sind, durch die er wie in einer festen Hülse eingeschlossen ist. Die Fesseln aber können erst dann zersprengt werden, wenn die mit dem Fleische vermengte Seele sich durch die gerechte Selbstverleugnung also gestärkt hat, dass sie fest genug ist, den freien Geist zu fassen und zu halten. Aus dem Grunde kann der Mensch eben auch nur durch allerlei Versuchungen seine Schwächen gewahren und erfahren, wie und worin sein Geist geknebelt ist. Wenn er dann gerade in diesen Punkten sich in seiner Seele selbst verleugnet, so löset er dadurch dem Geiste die Fesseln ab und fesselt damit die Seele. Ist dann mit der gerechten Zeit die Seele mit allen den ehemaligen Geistesbanden gefestet, so geht dann freilich ganz natürlich der ganz entfesselte Geist in die ganze starke Seele über, und diese gelangt dadurch in alle himmlische Machtvollkommenheit des Geistes und wird dadurch für ewig vollkommen Eins mit ihm. In dem Ablösen einer Fessel um die andere aber besteht das Zunehmen der Seele in der geistigen Kraft, welche da ist die Weisheit und die Gnade.   JJ.298,8-14

Kein fleischlich Auge hat es je geschaut und kein Herz empfunden, was Gott denen, die Ihn lieben, alles für Seligkeiten bereitet hat. Ihr würdet in diesem eurem irdischen Zustande auch nicht eine kleinste zu ertragen vermögend sein; aber wenn einmal Mein Geist euch ganz durchdrungen haben wird, dann werdet ihr schon vermögend sein, auch den Morgen Meiner Himmel mit überschwänglicher Wonne zu ertragen!   GEJ.7.129,3

Wer Gott den Herrn über alles liebt, der wird bald und leicht erweckt; wer Ihn aber mit dem Verstande sucht, um Ihn zu lieben, wenn er Ihn mit dem Verstande erst so recht kernfest gefunden hat, der hat sich eine große und sehr vergebliche Arbeit vorgenommen, mit der er nimmer zum erwünschten Ziele auf dieser Welt gelangen wird.

GEJ.3.123,8

Seid heiter und fröhlich in eurem Herzen! Denn Ich bin bei euch und freue Mich mit euch, so ihr Freude an Mir habt. Und diese Freude wird euch ein heller Stern sein, so ihr die Welt verlassen werdet. Sie wird euch treu geleiten auf der weiten Reise in Meine großen Himmel und wird euch dort, wie auch zum Teil schon hier, führen in Meine große Stadt!

Hi.1.43,7

Wer von euch ein Freund der Armen sein wird aus vollem Herzen, dem werde auch Ich ein Freund und ein wahrer Bruder sein, zeitlich und ewig, und er wird nicht nötig haben, die innere Weisheit von einem andern Weisen zu erlernen, sondern Ich werde sie ihm geben in aller Fülle in sein Herz. Wer seinen nächsten armen Bruder lieben wird wie sich selbst und wird nicht hinausstoßen eine arme Schwester, welchen Stammes und welchen Alters sie auch sei, zu dem aber werde Ich Selbst kommen allzeit und Mich ihm treulichst offenbaren.

GEJ.4.79,5

Ich, dein himmlischer Vater, gebe auf der Erde allen Meinen Nachfolgern ein ihnen am allermeisten zusagendes Kreuz, darüber sie nicht murren sollen, sondern alles Mir wohl aufopfern.

Hi.1.373,11

Du musst also mit deinen Sinnen, mit deinem Trachten und Wollen in dich selbst zurückgehen und in dir selbst zu suchen, zu denken und zu formen anfangen, dann erst wirst du einen Ort finden, der deinem Denken, Formen, Wollen und deiner Liebe entsprechen wird! Begib dich in die Phantasie deines inneren Gemütes, so wird sich vor dir bald alles anders gestalten.　　GS.1.7,8

Ich sage euch: Jesus ist etwas so ungeheuer Großes, dass, so dieser Name ausgesprochen wird, die ganze Unendlichkeit von zu großer Ehrfurcht erbebt.
Daher genügt zur Erweckung unserer Liebe zu Jesu ja doch sicher schon ein einziger Gedanke – nur Sein Name in unseren Herzen ausgesprochen sollte ewig genug sein, um in aller Liebe für Ihn zu erbrennen! Daher sprechet auch ihr in euren Herzen diesen Namen würdig aus, und ihr werdet es selbst erschauen, in welcher Fülle das Feuer der Liebe aus euren Herzen hervorbrechen wird, zu entzünden das Holz des Lebens.
GS.2.13,2+16

Ich aber sage zu euch darum: Prüfet euch sorgfältig, ob nicht noch irgend starke weltliche Vorteilsgedanken euer Herz beschleichen, ob nicht zeitweiliger Hochmut, eine gewisse, zu überspannte Sparsamkeit – eine jüngste Schwester des Geizes –, die Ehrsucht, richterlicher Sinn, Rechthabelust, fleischlicher Wollustsinn und dergleichen mehreres euer Herz und somit auch eure Seele gefangenhalten! Solange das bei dem einen oder dem andern der Fall ist, wird er zu der Verheißung, das heißt zu ihrer vollen Erfüllung an ihm, nicht gelangen.　　GEJ.5.125,2

Alles, was Welt und Materie heißt, ist ein Verkehrtes, der wahren, geistigen Ordnung aus Gott stets und notwendig Widerstrebendes, weil es ursprünglich als eine Gegenreizung zum Erwecken des freien Willens in der belebten und als Selbstwesen aus Gott hinausgestellten und wohlgeformten Idee in sie gelegt werden musste, und ist darum als das wahre Unkraut auf dem allein wahren und geistreinen Lebensacker anzusehen.

GEJ.4.104,2

Du musst dich verleugnen, dein Kreuzlein auf deine Schultern laden und Mir nachfolgen! Du musst Mich in der Tat mit dem Kreuzlein in der Hand suchen, willst du Mich im Ernste finden! Willst du etwas empfangen von Mir, dann musst du bitten mit dem Kreuzlein in der Hand! – Die Pforten des ewigen Lebens werden dir nur aufgetan, so du klopfen wirst an dieselben mit dem Kreuzlein! Siehe, kein anderer als nur allein der Weg des Kreuzes führt zum Leben!

Hi.2.16,15-17

So du nun Gott ganz sicher über alles liebst und eben darum auch über alles ehrst, - wirst du dich da nicht gerne, und das sehr oft, von dem weltlichen Tagesgeschäft zurückziehen und dich mit dem Gegenstand deiner heißesten Liebe beschäftigen? Ja, ganz ungezweifelt wahr und sicher! Und siehe, darin besteht ja auch die wahrste und rechteste und vor Gott allein gültige Feier des Sabbats, die Moses befohlen hat! Denn an dem Tage selbst liegt wenig oder auch gar nichts, sondern allein daran, dass du am Tage oder in der Nacht in der Liebe und Ruhe deines Herzens gern an Gott denkst und dich mit Ihm unterhältst.

GEJ.7.28,7

Suchet nur im Herzen die Weisheit und die rechte Offenbarung aus Mir, so werdet ihr sie leicht begreifen und für euer ganzes Leben und für ewig behalten!

GEJ.3.184,6

Bekleidet euer Herz mit freier Liebe zu Mir, damit ihr lebendig werdet! Denn alles kann Ich euch geben; nur allein die freie Liebe eures Herzens zu Mir, diese kann Ich niemandem geben!

HGt.1.142,4

Also hält sich der alleinige Glaube nie, wenn er nicht durch die Tat belebt wird; gleich wie durch die pure Theorie ohne tatsächliche Übung und Anwendung derselben niemand ein praktischer Mensch wird. So könnt ihr jetzt auch eine Legion um die andere moralischer und religiöser Plauderer finden. Aber alle diese Plauderer wollen an sich keine Probe machen und nicht ein Steinchen mit einem Finger anrühren. Ein jeder glaubt schon damit etwas außerordentlich Verdienstliches geleistet zu haben, wenn er nur gut gepredigt und durch sein moralisches und religiöses Geplauder allenfalls einige dumme Andächtler und Schwärmer zuwege gebracht hat. Niemand aber will im Ernste die Wege versuchen, durch welche er unmittelbar dahin gelangen möchte, wo er mit Mir Selbst in Verbindung träte und dann aus Meinem Munde eine lebendige Lehre bekäme, die ihn erst zu einem guten Erdreiche umgestalten könnte.

GS.2.125,8-10

Wer Gott sucht, der soll Ihn allezeit mit dem Herzen suchen, sonst wird er Ihn ewig nimmer finden.

HGt.2.269,2

Es gibt gar viele, welche die Erscheinungen der Natur angaffen werden, gerade so wie eine Kuh ein neues Tor. Aber ganz außerordentlich wenige gibt es, die sich selbst in den Erscheinungen der Natur finden. Hi.1.182,24

Seid bereit, in euch zu forschen, wo es in eurem Herzen noch dunkel ist, damit das Licht, solange es euch noch scheint, alle Winkel wohl durchleuchte und ihr Bescheid wisset in eurem Hause, wenn vorübergehend Dunkelheit herrscht! Denn Ich weiß wohl, dass ihr schwach seid, euch aber Riesen dünket, solange ihr eine persönliche Stütze an Mir habt. Fehlt euch diese, so wird sich erst zeigen, wieweit ihr feststehet und nicht sorgen müsset, zu fallen. GEJ.11.15,4

Mein Reich ist in eines jeden Menschen kleines Herz gelegt. Wer da hineinkommen will, muss also in sein eigenes Herz eingehen und sich da ein Plätzchen der Ruhe gründen, die da heißt Demut, Liebe und Zufriedenheit. Ist er damit in der Ordnung, ist auch sein Glück für ewig gemacht. Er wird dann bald sehr viel mehr finden, als er je erwartet hatte. RBl.2.278,4

Habe Ich doch schon oft zu euch gesagt, dass ihr nicht im Kopfe, sondern nur im Herzen sollet Gedanken zu fassen anfangen, um zur Wahrheitsfülle zu gelangen, die euch wahrhaft lebensfrei machen würde! Warum tut ihr denn das nicht und bleibet lieber bei der Materie, die nichts hat und nichts geben kann?! Tut, was Ich euch lehre, dann werdet auch ihr reden in wahrer Weisheit! GEJ.3.184,9

Christus ist allein der Mittler zwischen Gott und der Menschennatur. Durch den Tod Seines Fleisches und durch Sein vergossenes Blut hat Er allem Fleische, das da ist die alte Sünde Satans, den Weg gebahnt zur Auferstehung und Rückkehr zu Gott! - Christus aber ist die Grundliebe in Gott, das Hauptwort alles Wortes, das da ist Fleisch geworden, und dadurch geworden zum Fleische alles Fleisches und zum Blute alles Blutes. Dieses Fleisch nahm freiwillig alle Sünde der Welt auf sich und reinigte sie vor Gott durch Sein heiliges Blut. - Mache dich teilhaftig dieses größten Erlösungswerkes Gottes durch das Fleisch und durch das Blut Christi, so wirst du rein sein vor Gott! Denn kein Wesen und kein Ding kann rein werden durch sich, sondern allein durch die Verdienste Christi, die da sind die höchste Gnade und Erbarmung Gottes. Du allein vermagst nichts, alles aber vermag Christus! RBl.2,157,9

Wenn der Mensch zu sehr seine Kräfte ums tägliche Brot anwendet, so wird dadurch auch das Wasser seines Lebens immer mehr und mehr getrübt. Seine ihm verliehenen Kräfte für überflüssiges Zeug oder sogar für schlechtes Zeug anzuwenden, seht, das ist, was am Ende das Wasser des Lebens trübe macht. Hi.1.207,27

Da jeder Mensch im Grunde seines Wesens seine eigene Liebe ist, so werde dann Ich, wenn er Mich durch den Glauben in seine Liebe aufnimmt, seine Liebe, wie er die Meinige wird. Denn wie er Mich aufgenommen hat, so habe auch Ich ihn aufgenommen. Hi.1.201,30

Nichts ist dem Menschen heilsamer als eine zeitweilige innere Selbstbeschauung! Wer sich und seine Kräfte erforschen will, der muss sich zu öfteren Malen selbst erforschen und innerlich beschauen. Ruhet und denket im Stillen lebendig nach über euer Tun und Lassen, über den euch wohlbekannten Willen Gottes, und ob ihr demselben nachgekommen seid zu den verschiedenen Zeiten eures Lebens, so habt ihr euch innerlich selbst beschaut und dadurch stets mehr und mehr dem Eindringen des Satans in euch den Weg erschwert. Denn dieser sucht nichts emsiger, als durch allerlei äußere, nichts sagende Gaukeleien den Menschen an seiner inneren Sichselbstbeschauung zu verhindern.

GEJ.1.224,8+10

Lege du alle deine Liebe zu deinen Brüdern und alle deine Sorge um sie vor die Füße des Herrn, umfasse dieselben mit deinem Herzen über alles heißliebend und du wirst dich sicher überzeugen, dass der Herr gerade da tätig zu werden beginnt, wo der Mensch aus seiner demütigen inneren Erkenntnis alle seine nichtige Tatkraft und überschwache Willensmacht dem Herrn liebend übertrug.

GS.1.91,3

Mit der vollen Liebe aber nähert sich der ganze Mensch Gott stets mehr und mehr, wird vertraulich mit Ihm und sehnt sich nach Ihm und wird somit stets erfüllter mit dem Geiste Gottes; denn die stets zunehmende und zutraulicher werdende Liebe zu Gott ist ja eben der wahre und lebendige Geist Gottes im Menschen und der Geist des ewigen Lebens in der Seele.

GEJ.9.129,3

Auf der Erde gibt es nur eine wahre Kirche, und diese
ist die Liebe zu Mir in Meinem Sohne, welche aber ist
der heilige Geist in euch und gibt sich euch kund durch
Mein lebendiges Wort, und dieses Wort ist der Sohn,
und der Sohn ist Meine Liebe und ist in Mir und Ich
durchdringe Ihn ganz, und Wir sind eins, und so bin Ich
in euch, und eure Seele, deren Herz Meine Wohnstätte
ist, ist die alleinige wahre Kirche auf der Erde. In ihr
allein ist ewiges Leben, und sie ist die allein selig ma-
chende.   HGt.1.4,9

Dem Menschen aber ist zur Probe seines freien Willens
auch die Trägheit und die Eigenliebe angeboren in seinem Fleische, in dem sich der Mensch auf dieser Welt
am meisten behaglich fühlt. Der Mensch aber soll aus
eigener Kraft das als ein Übel für seine Seele an sich
erkennen und es mit den von Gott ihm gegebenen Mitteln so lange fort bekämpfen, bis er ein vollendeter
Meister über alle seine leiblichen Leidenschaften geworden ist. Das kommt aber dem sinnlichen und trägen Menschen zu unbequem und unbehaglich vor; er
lässt sich lieber von seinen wachsenden sinnlichen
Leidenschaften so fest als nur immer möglich umstri-
cken und zieht dadurch Tausende nach, weil es auch
ihrem Fleische wohltut, sich in aller Trägheit und ihrer
Wollust zu baden.   GEJ.7.193.2-3

Vergib deinen Brüdern, wenn sie auch noch so arg an
dir gehandelt hätten, so werde auch Ich dir deine Torheit vergeben und dich heilen zum ewigen Leben!
                                                       HGt.1.174,12

Seid alle hier bestrebsam, und lasset euch nicht blenden von den Schätzen dieser Welt, die da vergehen werden wie die jetzige Materieform dieser ganzen dem Fleischauge sichtbaren Schöpfung; sammelt euch aber dafür desto mehr der geistigen Schätze, die für die ganze Ewigkeit dauern werden! Seid kluge Wirte und Haushälter im Hause eures Herzens; je mehr der Geistesschätze ihr durch allerlei gute Werke darin aufspeichern werdet, desto besser wird es euch drüben ergehen! Wer aber hier karget und filzet, der wird sich's dereinst nur selbst zuzuschreiben haben, wenn er seine Herzensvorratskammern nahezu völlig leer antreffen wird.   GEJ.4.96,5

Des Herrn Wort und Lehre ist gleich wie alle Seine Werke. Er gibt uns Seine Lehre in Samenkapseln; diese müssen wir erst säen ins Erdreich unseres Geistes, welches Erdreich da heißet Liebe, da wird der Same dann aufgehen und zu einem Baume der wahren Erkenntnis Gottes und unserer selbst werden, und wir werden von diesem Baume dann zur rechten Zeit vollreife Früchte zum ewigen Leben sammeln können. Liebe aber ist das Erste; ohne diese gedeiht keine Frucht des Geistes! Säe in die Luft den Weizen; siehe, ob er wachsen und dir eine Frucht bringen wird! So du aber das Weizenkorn legest in ein gutes Erdreich, da wird es wachsen und dir vielfache Frucht bringen. Die rechte Liebe aber ist ein rechtes Erdreich für das geistige Weizenkorn, das uns aus des Herrn Munde erteilt wird.   GEJ.1.43,4-5

Eines jeden Menschen Liebe ist das ihm eigentümliche Lebenselement.   GS.2.105,12

So du Mich suchst, da musst du Mich aber bei dir und nicht bei andern suchen! Denn kann der in der Fremde gesucht werden, der da beständig in dir zuhause ist und deiner harret!? Hi.1.408,5

Alles, was Ich liebend verlange, ist ein treues, zu Mir gewendetes, liebevolles und demütiges, durch Reue geläutertes Herz, und mit einem solchen hat vor Mir kein Mensch einen Umweg vonnöten, da Ich ihm ohnehin doch sicher allzeit noch dazu der Allernächste bin. HGt.1.124,9

Zwar seid ihr wohl gegenwärtig dem Fleische nach; aber es schlägt im selben noch ein abwesendes Herz. Dieses Herz sollte in der wahren, reinsten Liebe gegenwärtig sein, da die höchste Liebe des Vaters Selbst gegenwärtig ist. HGt.1.141,5

Ich kenne deine Stärke und gebe dir nach deiner Kraft zu tragen und will es ansehen, als wenn du vieles getragen hättest. Denn die Ich lieb habe, denen schicke Ich so manche kreuzigende Not und oft ein außerordentlich groß scheinendes Kreuz, so dass, der es ansieht, gewaltig davor erschrickt! Aber Ich sage dir, dass das Kreuz nur so groß aussieht; es ist gar nicht so schwer! Denn es ist nur von Papier und von innen ganz hohl. Daher es auch gar leicht ist und ist nur ein „sanftes Joch" und eine „leichte Bürde." Daher sei nur getrost! Hi.1.265,3-5

Übet auch ihr beständig all die Kräfte des Geistes, so wird er einst in der Fülle der ewigen Lebenskraft dastehen und wird auf seinen Schultern die größten Lasten Meiner Liebe, Gnade und Erbarmung gar wohl zu tragen imstande sein. Also wird dem, der da hat, gegeben in der Fülle; wer aber nicht hat, der wird aber auch noch das verlieren, das er hatte von seinem Grunde aus.

Hi.3.178,27

Dein Herz und deine Seele hängen noch viel zu mächtig an den toten Schätzen dieser Welt, und durch diese kann das sanfte Lebenslicht der Himmel nicht dringen. Solange deine Seele durch ihre Liebe zu den toten Schätzen und Reizen dieser Welt gefangen ist, solange ist sie auch wie mittot, weil ihre Liebe zu dem, was tot ist, auch tot ist so lange, wie sie an den toten Gütern dieser Welt überwiegend stark hängt. In solcher deiner Lebenslage kann von den inneren Lebenserscheinungen freilich wohl nie eine Rede sein! Denn eine jede Seele nimmt nach dem Abfalle ihres Leibes nichts mit sich hinüber als ihre Liebe, der ihre Werke als Produkte ihres Willens nachfolgen. Hängt die Liebe der Seele aber an den toten Dingen dieser Welt so sehr, dass sie mit ihnen vollends eins geworden ist, so ist sie auch tot; und da ihr Wille gleich ist den gerichteten, toten Dingen dieser Welt, so entbehrt er der vollsten Freiheit, ist sonach auch gerichtet und somit als tot zu betrachten, - und das ist es, was man die Hölle und den ewigen Tod nennt! Hütet euch darum vor allem, dass eure Seelen nicht die Liebe zur Welt, ihren Schätzen und Reizen gefangen nehme; denn wen die Welt einmal gefangengenommen hat, der wird sich höchst schwer von ihrer Gewalt losmachen können.

GEJ.8.166,8ff

Ich sage euch: Menget euch in nichts und bleibet fein zu Hause, auf dass, so Ich in der Bälde kommen werde, Ich euch auch daheim antreffe, euch tröste, stärke und aufnehme in Mein neu zu gründendes Reich auf Erden und in allen Sternen! – Aber so Ich euch nicht daheim antreffen werde, so möget ihr es euch dann selbst zuschreiben, so ihr an dieser Meiner größten und letzten Ankunft entweder gar keinen oder nur einen sehr geringen Teil haben werdet.   Hi.3.475,22-23

Ich, dein Schöpfer, dein Vater, dein Erlöser, dein Wiedergebärer zum ewigen Leben, dein wahrer Bräutigam, habe dich recht herzlich lieb gewonnen. Wahrlich, mehr als eine Million Sonnen mit aller ihrer Herrlichkeit liebe Ich dich, da du Mich nur ein wenig liebst! Wahrlich, möchtest du Mich aber lieben, wie Mich die Magdalena geliebt hat – da würdest du Mich zwingen, zu dir zu kommen sichtbar und dich zu umfassen mit all Meiner Glut und dich zu tragen durch dein ganzes irdisches Leben auf Meinen Armen in Meine ewige Wohnung! O du Mein Kind, wenn du wüsstest, wie nahe Ich dir bin und wie sehr Ich dich liebe, du möchtest keine Sekunde lang mehr die Anschauung der Welt ertragen. Aber Ich enthalte Mich, auf dass du leben magst auf dieser Welt! Darum aber bitte Ich dich, bleibe Mir getreu und wende stets mehr und mehr dein Herz zu Mir und liebe Mich, deinen ewigen Vater, deinen wahren Bräutigam.   Hi.2.253,2-5

Meine Liebe sei euer einziger Reichtum! Und Meine Gnade erleuchte vor euch die Finsternisse der Welt und zeige euch sanft den Weg des ewigen Lebens!
                                Hi.1.19,6

Wer Gott wahrhaft sucht, der muss Ihn im eigenen Herzen, also im Geiste der Liebe, in der alles Leben und alle Wahrheit verborgen ist, suchen, und er wird Gott und Sein Reich auch so leicht und bald finden, – auf jedem andern Wege aber schwer und in dieser Welt oft wohl gar nicht.　　　　　　　　　　　GEJ.9.37,5

Den Namen des Allerhöchsten konnte vom ewigen Uranfange an auch kein Engel aussprechen; denn Sein Name ist so unendlich groß wie der unendliche Raum Seiner Schöpfungen, von denen die Erde, die du bewohnst, kaum das ist, was ein winzigstes Stäubchen gegen die ganze, große Erde selbst ist. Aber der ewige Gott, Schöpfer und Vater hat aus übergroßer Liebe zu euch, Seinen Kindern, auf dass ihr euch Ihm vollauf nahen könnet, Selbst euer Fleisch angezogen und hat mit demselben auch einen Namen Sich gegeben, den jeder Mensch dieser Erde und auch jeder Engel fühlen und aussprechen kann; - und dieser heiligste Name lautet: Vater, Liebe, Wahrheit und Leben; als Menschensohn aber heißet Er Jesus!　　　　　　　　GEJ.9.107,7

Alles, was du nun schaust in aller Welt, stellt ja das Wesenhafte des Reiches Gottes dar! Du musst dir nicht denken, dass das Reich Gottes irgendwo besonders sei. Das Reich Gottes ist überall in der ganzen ewigen Unendlichkeit, und der Mensch, der dessen inne wird aus dem Geiste des Herrn, der hat das Reich Gottes auch in sich und befindet sich, wo er auch immer sein und weilen und handeln mag – ob noch in seinem Leibe oder als Geistmensch in seiner puren Seele –, überall im Reiche Gottes und dessen vollster Wesenhaftigkeit.　　　　　　　　　　　GEJ.9.173,8

Alles Leben ist eine Frucht der beständigen und nie zu ermüdenden Tätigkeit Gottes und kann daher nur durch die wahre Tätigkeit erhalten und für eine ewige Dauer bewahrt werden, während aus der Untätigkeit nichts als der Tod zum Vorschein kommt und kommen muss. GEJ.1.221,6

Das Himmelreich leidet allezeit Gewalt, und nur diejenigen werden es besitzen, die es mit eiserner Gewalt an sich reißen. Diese „eiserne Gewalt" ist aber keine andere als die Gewalt der Liebe. Denn die Liebe vermag alles! Hi.1.206,17

Dir Herr, sei Preis, Anbetung, Dank und Ehre;
Dein ist die Erde und das Sternenfeld!
Dir schlägt mein Herz; Dir donnern Luft und Meere!
Dein ist das Reich und Dein die große Welt!
Vom Aufgang bis zum Niedergang erschallet
Dein Lobgesang, der durch die Himmel hallet! PuG.120

Wenn der Geist im Menschen nicht als das wahre Lebenslicht erweckt wird, da ist es finster im Menschen, und er erkennt sich nicht; wenn durch den Glauben an Gott und durch die Liebe zu Ihm und zum Nächsten aber der Geist im Menschen erweckt und zum hellen Lichte entzündet wird, dann durchdringt der Geist den ganzen Menschen, durch und durch, und der Mensch erschaut da, was in ihm ist und erkennet sich. Und wer sich erkennt, der erkennt auch Gott; denn der wahre und ewige Lebensgeist im Menschen ist nicht ein Menschengeist, sondern ein Gottesgeist im Menschen, ansonst der Mensch kein Ebenmaß Gottes wäre. GEJ.9.58,7

Du aber bewahre und reinige dein Herz, auf dass, so Ich dereinst etwa unerwartet zu Dir kommen möchte, dasselbe also bestellet sei, dass Ich nicht genötigt werden möchte, zu verziehen oder gar umzukehren! – Denke: Eines nur tut Not! Und wer sich dieses eine erwählet hat, der hat sich schon den besten Teil erwählet!

Hi.1.413,8

Man muss die höchste Glückseligkeit darin suchen, Gott den Vater zu lieben über alles, darum Er ist Gott und Vater. Und für solche Liebe darf man ewig keines Entgeltes gedenken, als allein der Gnade, Gott den Vater also lieben zu dürfen.

GS.2.62,19

Kein äußerer Weltverstand kann es je ergründen und erschauen, was im Menschen ist; das kann allein nur der Geist im Menschen. Und also kann auch niemand Gott erkennen als nur der erweckte und vollauf tätig gewordene Geist Gottes im Menschenherzen, der gleich wie Gott Selbst die reinste Liebe ist und ein ewiger Sabbat im Menschenherzen.

GEJ.5.62,7

Wenn du mit Gott sprichst wie mit deinesgleichen, so tust du ganz wohl daran; denn Gott hat niemanden außer Sich, mit dem Er reden könnte. Aber Seine Geschöpfe, die aus Ihm sind, sind also frei gestellt, dass sie nun mit Gott und Gott mit ihnen wie ein Mensch mit dem andern reden können, und es ist sonach ganz in der Ordnung, dass du mit Ihm sprichst wie mit deinesgleichen; denn das Geschöpf ist seines Schöpfers wert und der Schöpfer Seines Geschöpfes.

GEJ.2.58,3

Deine Worte klingen zwar schöner denn die große Musik der Sphären im ewigen Schöpfungsraume; aber die Liebe im Herzen des Geistes ist noch schöner als all dies herrliche Getöne! Daher gib Rast deinen Lippen, damit dadurch zum ruhigen Spiegel werde das lebendige Gewässer in deiner Seele und Ich Mich beschauen kann in dir und du erschauest Mein Wesen im Spiegel deines Gewässers! HGt.2.270,15

Wer Gott den Herrn wahrhaft liebt, der ist beständig bei Gott und in Gott. Und will er von Gott etwas hören und wissen, so frage er Ihn im Herzen, und er wird durch die Gedanken des Herzens auch sogleich eine vollste Antwort bekommen, und es kann sogestaltig jeder Mensch von Gott allzeit und in allen Dingen belehret und gelehret werden. Du ersiehst daraus, dass man nicht immer auch zu schauen vonnöten hat, um glückselig im Herrn zu sein, sondern nur zu hören und zu fühlen, und man hat dann auch alles, was zur wahren Seligkeit in Gott nötig ist. GEJ.4.23,9

Es ist wohl löblich und gut, sich von Mir und Meinem Reiche zu besprechen. Aber noch schöner und besser ist es, sich in den Geschäften der Himmel wacker zu üben. Das Wissen geht natürlich dem Geschäft voraus. Weiß man aber einmal, was man zu tun hat, dann muss man handeln! Und es ist dann schon eine kleine gute Handlung besser als ein großes Wissen ohne Handlung. Denn aus einer noch so kleinen Handlung wird etwas zum Vorschein kommen. Der Handlung folgt stets ein Werk, aber dem puren Wissen folgt nichts, so es nicht ins Handeln übergeht. RBl.2.280,4

Der Wille zur Sünde findet im Menschen stets eine große Unterstützung, und zwar in den Anreizungen und Leidenschaften seines Fleisches; aber für den Willen zum Guten findet er in seinem Fleische gar keine Unterstützung, sondern allein im Glauben an einen wahren Gott, und besonders in der Liebe zu Ihm, und dazu auch in der Hoffnung, dass die von Gott ihm gemachten Verheißungen in volle Erfüllung gehen werden.

GEJ.7.155,5

Gott ist in Sich ein Geist von höchster Weisheit und hat den allertiefsten und lichtvollsten Verstand und ist die ewige Wahrheit selbst. Wer also zu Gott wirksam beten will, der muss im Geiste und in der Wahrheit beten. Im Geiste und in der Wahrheit aber betet der, der sich in das stille Liebekämmerlein seines Herzens begibt und darinnen Gott anbetet und anfleht. Gott, der alle Herzen und Nieren durchforscht, wird auch in eure Herzen umso mehr schauen und gar wohl erkennen, wie und um was ihr betet und bittet, und wird euch auch geben, um was ihr also wahrhaft im Geiste und in der Wahrheit gebetet habt.

GEJ.7.85,17

Wer einmal etwas Rechtes weiß und nicht danach handelt, ist so gut ein Sünder wie der, welcher zwar das Rechte wohl erkennt, aber es dennoch nicht will, weil es mit seiner Bequemlichkeit nicht im Einklang steht. - Man muss sich daher, um ein rechter Bürger Meines Reiches zu sein, über die Trägheit allzeit hinaussetzen und das Recht nach der rechten Wissenschaft üben; dann ist man erst das, was man nach Meiner ewigen Ordnung werden und sein soll.

RBl.2.280,6

Wer da seinem Nächsten Liebe erweist, der wird auch drüben Liebe finden. Es kommt hier wahrlich nicht darauf an, wie viel jemand gibt, sondern hauptsächlich darauf kommt es an, wie jemand seinem armen Nächsten etwas gibt. Ein aus wahrer Liebe freundlicher Geber gibt doppelt, und es wird ihm auch jenseits also vergolten werden.

GEJ.7.1,14

Die Menschen beten und bitten wohl mit den Lippen um und für allerlei, das ihnen recht und gut dünket, aber ihr Herz hängt nicht an Mir, sondern an dem nur, um was sie beten und bitten. Daher gebe Ich ihnen das nicht, um was sie beten und bitten, damit sie sich dadurch nicht von Meinem Herzen noch mehr entfernen.

Hi.2.357,4

Liebe Mich, so hast du mir mehr gegeben, als was mir Himmel und Erde bieten können! Liebet den Vater; denn Liebe ist Sein Wesen und Liebe Sein unendliches Bedürfnis. So habet ihr Ihm alles gegeben und geopfert, alles, was Er euch gegeben hat! Denn mehr als Sein eigenes Leben konnte Er euch nicht geben; die Liebe aber ist euer Leben und das Leben Gottes in euch. Wenn ihr sonach Gott, den Vater, liebet, so tuet ihr das, was Er ansieht, und was Ihm allein angenehm ist! Solches aber ist der Wille Gottes, dass wir Ihn über alles lieben sollen; also tun wir das, so werden wir das Leben haben ewig!

HGt.2.219,24-28

Liegt nicht der Grund aller Dinge lebendig in euch?!

HGt.1.16,7

Ich bin der alleinig wahre Vater, und ihr alle seid Meine Kinder, so ihr Mich als Vater anerkennet! Wer Mich aber nicht als Vater wird anerkennen wollen – und das völlig im Herzen –, dem werde Ich sein, was Ich bin dem Steine, nämlich ein ewig richtender Gott und Schöpfer!

HGt.2.51,16

Wer da immer über etwas Flüchtiges Meiner auch nur eine Stunde lang vergessen kann, der ist Meiner nicht wert. Und Ich wende wahrlich sofort Mein Angesicht weg von ihm und sehe ihn nicht eher an, als bis er Mir alles opfern wird, was er hat.

Hi.2.238,9

Wenn es heißt, dass da vor allem Mein Reich gesucht werden soll und alles andere dann als freie Gabe hinzugegeben werde, so bedenket, dieses Mein Reich ist eben nur die Liebe! – Wer Mich also sucht durch die Liebe und in der Liebe, der sucht Mich im Geiste und in der Wahrheit. Und dieses ist „Mein Reich".

Hi.1.238,31

Wem Mein Lebenslicht leuchtet, der wird auf dem Wege mit seinen Füßen nicht leichtlich mehr an einen Stein stoßen, und die Dornen wird er wohl vermeiden mögen. Wer mit Mir wandelt, der hat allenthalben schon einen wohlgebahnten Weg; wer aber ohne Mich dem Reiche Gottes, als dem inneren Reiche des Lebens und aller Wahrheit, zuwandelt, der hat wohl einen langen, schmalen und sehr dornigen Weg zu durchwandern, wie das bei gar vielen alten Weisen aller Völker der Erde von jeher der Fall war und auch künftighin der Fall sein und bleiben wird.

GEJ.9.58,1

Wer sich selbst nicht gerecht als ein Werk Gottes achtet, der kann auch seinen Nächsten nicht achten und auch Gott nicht der Wahrheit nach. GEJ.7.141,10

Daher aber sollet ihr euch in der Welt, als der Vorschule des ewigen Lebens, schon ein wenig üben, zu hantieren in Meinen Geschäften. Denn so ihr Mir liebetreu fest verbleiben werdet, dann werden euch in Meinem Reiche gar große Geschäfte erwarten, wovon ihr jetzt noch keine Ahnung habt. Hi.1.148,8

Ein rechtes Kind ist heiter, dankbar und zufrieden mit jeder Gabe, die es empfängt aus den Händen des guten Vaters und hat kein Bedürfnis über das Empfangene hinaus, da es weiß, dass der Vater ihm allezeit geben wird, so viel es nur immer bedarf. Denn es weiß, dass der Vater sehr reich und daher das Kind auch allezeit sehr wohl zu versorgen imstande ist. Auch wird dieses Kind nicht unzufrieden sein mit der Gabe. Denn es ist noch allezeit hinreichend gesättigt worden. Und weil der Vater aber auch zugleich ein sehr weiser Vater ist, so gibt er dem Kinde auch nur das und so viel, als demselben allezeit frommt. Hi.1.177,7

Meine Anhänger sollen arm im Geiste sein, damit sie eben alles von Mir erhalten und Gott wahrhaft schauen können! Die aber, welche sich geistig reich wähnen, das sind eben die, welche meinen, Vollendete zu sein, mit ihrer Selbstüberwindung prunken und voll des geistigen Hochmutes werden. GEJ.11.51,10

Wenn du vollkommen in des Herrn Willen wirst einge-
gangen sein und wirst ganz durchdrungen sein von
Seinem Geiste, so wirst du das wie am hellsten Tage
auch schauen im Reiche Gottes in dir, was du nun
gleichwohl noch ganz trübe schaust mit den Augen
deines Leibes. GEJ.9.173,7

O Du heiliger Vater! Viele Jahre beschäftigte sich mein
armseliges Herz mit Dir und fand in sich selbst, dass
Du die ewige, allerreinste und unendliche Liebe bist.
Ich lernte aus meinem Gefühle schon frühzeitig, nur
mit aller Liebe an Dir, o heiliger Vater, zu hangen, und
lernte aus eben dem Gefühle Dich als einen alleinig
wahren, unendlich guten Vater kennen, und es ver-
mochte da keine Gegenlehre mich auf andere Begriffe
und Vorstellungen von Dir zu bringen, – kurz, ich erkannte in Dir zuerst für mein Herz vollkommen den
endlos guten Vater. HGt.2.251,2-3

Ihr, und die ganze endlose Schöpfung, seid von Mir al-
lernotwendigst schon von Ewigkeit also eingerichtet,
dass gerade ihr die Endzwecke und somit die völligsten
Schlusssteine der ganzen sichtbaren und unsichtbaren
Welt seid. Demnach muss ja dann aber auch, im Ganzen wie im Einzelnen genommen, alles allergenauest
mit euch in der alleruntrennbarsten Korrespondenz
stehen. Steht der Mensch als Endzweck aller Schöpfung da, und steht diese somit in allem mit ihm in der
allerinnigsten Korrespondenz, so ist er ja auch ebenso
notwendig über alle Schöpfung wie ein Herr gesetzt,
von welchem Standpunkte er ebenso auf die ganze
Schöpfung rückwirken muss, wie die ganze Schöpfung
auf ihn notwendig vor- und einwirkt. HGt.3.13,3-4

Ich aber sage es euch: Wie jemand säet, also wird er auch ernten; wer da sparsam säet, der wird auch also spärlich ernten, wer aber reichlich säet, der wird auch reichlich ernten. GEJ.1.32,11

O du allmächtige, heilige Liebe, du allerbarmherzigster Herr und Vater in Jesu Christo! Wir bekennen nun unsere alte, große Schuld vor Dir; wir sagen hier, dass wir allzeit nicht nur unnütze, sondern die allerschlechtesten Knechte vor Dir waren, und bekennen, dass all unsere vermeintliche Verdienstlichkeit von unserer Seite Dir, o heiliger Vater, gegenüber ein Gräuel sein musste, bitten Dich aber dennoch hier in unserer äußersten und größten Not, dass Du uns gnädig und barmherzig sein möchtest! Lass uns hier zu wahren Brüdern werden, die sich allzeit durch Deine Gnade und Erbarmung lieben und Dir geben in jeglichem Zustande alle Ehre, alles Lob und allen Preis! Und wir bitten Dich auch aus dem Grunde unseres Herzens, dass Du, o heiliger Vater, uns nur diese allerhöchste Gnade verleihen möchtest, dass wir allergrößten Sünder vor Dir - Dich, o ewige Liebe, aber dennoch aus allen unseren Kräften lieben dürfen! GS.1.89,13

Sagen aber nicht schon die Menschen: ‚Die wahre Liebe muss gezanket werden!'? – Siehe, auch Ich pflege mit denen, die Mir lieb sind, so lange durch allerlei, dem Leibe unangenehme Empfindungen zu zanken, solange Ich in irgendeinem noch so verborgenen Herzenswinkel etwas entdecke, das für Meine heilige Liebe nicht taugt. Hi.2.100,12

Die Seligkeit des Lebens aber besteht hauptsächlich ja nur in der Tätigkeit, und so ist es der Seele nützlicher, dass sie sich in aller Tätigkeit übe, als dass sie sich gleichfort in aller Klarheit des inneren Wahrnehmens nach allen Richtungen des Lebens hin befände.

GEJ.9.141,10

Wie kannst du aber je auf die wahre Weisheit einen Anspruch machen, so dein Herz voll Ärger ist?! Daher reinige zuvor dein Herz, und es soll sich dann zeigen, wieviel Weisheit im selben Platz haben wird!

HGt.2.150,15-16

All das überaus viele nützt dir nichts, sei es Geistiges oder Materielles, denn ob einer viel weiß oder viel hat, ist eines; wenn er davon nicht den vollkommen rechten Gebrauch macht, so bleibt die Seele dennoch gleichfort arm. Es genügt, dass Mich jemand über alles liebt und seinen Nächsten wie sich selbst, denn zu dem werde Ich kommen und werde Mich ihm Selbst offenbaren. Dann wird er durch das große Licht Meines Geistes, der da eins mit seiner Seele geworden ist, in alle Weisheit geleitet werden und wird dann Dinge erschauen und erkennen, von denen bis jetzt in keines Weltweisen Sinn je etwas gekommen ist. Hi.3.308,1-2

Ihr wisst, dass all das Böse und Falsche herrührt von den im Menschen wohnenden argen Geistern, die sämtlich danach streben, den Willen des Menschen für sich zu gewinnen, um sich mittels desselben auch endlich seiner Liebe zu bemächtigen. Hi.3.70,4

Wer das Leben dieser Welt liebt, der wird das wahre Leben der Seele verlieren; wer es aber nicht liebt und in der Art, wie es ist, flieht, der wird es gewinnen, das heißt, das wahre, ewige Leben der Seele. GEJ.7.1,12

Darum seid denn auch ihr nicht nur pur eitle Hörer, sondern sofortige Täter Meines Wortes, so werdet ihr in euch auch das wahre Reich Gottes überkommen! Erwartet aber niemals, als werde das Reich Gottes, als das Reich des inneren Lebens, jemals mit irgend äußeren Zeichen und äußerem Glanzgepränge zu den Menschen kommen, sondern es ist inwendig in euch! Wer es auf die von Mir euch gezeigte Art und Weise sucht in sich und es nicht also findet, der sucht es in aller Welt und in allen Gestirnen vergeblich. GEJ.9.57,6

Merket aber vorzugsweise auf Meine Ankunft in euch selbst und kümmert euch weniger um die allgemeine! Was ihr fürs allgemeine empfindet, das traget Mir betend in eurem Herzen vor! Um alles andere kümmert euch nicht! Denn das große Wann, Wie und Warum ist in den besten Händen wohlverwahrt! Hi.1.319,16

Forschet auch ihr nicht zu emsig nach der Gestaltung der Zukunft, sondern begnüget euch mit dem, was ihr als zum Heile eurer Seele Nötiges wisset, und dann auch mit dem, dass Ich in Meiner Liebe und Weisheit darum weiß und sicher alles so werde kommen lassen, wie es zu jeder Zeit für die gute oder auch entartete Menschheit sicher noch immer am besten sein wird, und ihr werdet dann auch jede böse und gute Zukunft erträglich finden! GEJ.8.30,8

Darum sage Ich euch auch, dass Ich weder im Sturm-
gebraus noch in dem Wüten des Feuers, sondern im
sanften Gesäusel der wehenden Morgenluft einher-
gehe. Wer Mir dann in solcher Stille seines Gemütes
entgegengehen wird, der wird Mir auch begegnen.

GEJ.8.95,7

Eher kann dich die Kraft Meiner Gnade nicht ergreifen,
als bis du all den eigenen Plunder von allerlei Falschem
und verborgen Bösem aus dich hinausgeschafft hast.

BM.10,5

Jeder Mensch ist Mein vollendetes Werk, das sich als
das auch erkennen und gerecht achten, aber nicht
gänzlich verkennen und unter alle Scheusale hinab
verachten soll; denn wer sich, als doch erkennbar Mein
Werk, verachtet, der verachtet notwendig ja auch
Mich, den Meister. GEJ.7.141,8

Ja, Ich sage euch, Ich will Sonnen zerstören und die
Trümmer der Welt wie Blitze durcheinander werfen
und entzünden mit dem Feuer Meines Grimmes die
ganze ewige Unendlichkeit, und doch soll auch nicht
ein Haar gesengt werden denen, die Mich lieben. Denn
Ich bin allezeit ein liebender und heiliger Vater Meinen
Kindern! Hi.1.139,31

Gedenket allezeit des Herrn und Seines Evangeliums,
so werdet ihr eure Wohnung für die Ewigkeit auf fes-
tem Grunde bauen, dass sie nimmer erschüttert wird!

BM.68,15

Gott sieht nicht auf die Sünden der Menschen, sondern allein auf das Herz! Wer Gott wahrhaft liebt, dem werden alle Sünden erlassen, und hätte er derselben so viele, als wie da ist des Grases auf der Erde und des Sandes im Meere. Deine Sünden aber liegen nur in deiner Einbildung und nicht in der Wirklichkeit. Gott aber ist alles das nur ein Gräuel, was vor der Welt groß ist; du bist aber gar klein vor der Welt und somit vor Gott kein Gräuel. Liebe Gott nur recht stark, und Er wird dich dann auch lieben und dir geben das ewige Leben!

GEJ.7.13,21

Ihr seid ja selbst nur pur Liebe aus Gott und in Gott, und euer Dasein ist in sich durch den Willen der Liebe Gottes selbst ja nur verkörperte Liebe Gottes! GEJ.7.141,5

Am dürftigsten und am ärmsten ist bei jedem Menschen die eigentliche Lebenskraft seines Herzens, euer Herz muss vollends lebendig werden aus der Liebe zu Mir. Ich Selbst muss eure ganze Liebe ausmachen; dann erst könnet ihr aus dieser Liebe wahrhaft Verdienstliches zum ewigen Leben wirken, und das darum, weil da das Verdienstliche allein Mir zukommt. Ihr aber bleibet bloße reine Konsumenten Meiner Liebe, Gnade und Erbarmung. Ste.30,15

So wenig wie Lilien und Rosen auf Brennesseln und Stechäpfeln wachsen, ebenso wenig kann in einem mit allen Weltangelegenheiten vollgepfropften Gemüte das innere geistige Verständnis Meines Wortes je emporkommen und noch weniger zur Reife gelangen!

Hi.3.265,8

Ich selbst habe dich ja gelehrt, dass das nur Sünde sei, was ein Mensch tut wider die Stimme seines Gewissens; denn des Gewissens Stimme ist Gottes Stimme in uns.

BM.115,5

Es ist einem jeden Menschen nachdrücklich zu raten, alle freundlichen und feindlichen Verhältnisse, in denen er sich je befunden hat, genauest zu prüfen, welche Wirkung sie auf sein Gemüt ausüben würden, so er in diese zurückversetzt würde. Denn darauf muss sich ein jeder hier auf der Erde lebende Mensch gefasst machen, dass er jenseits im absolut geistigen Zustande in alle jene verhängnisvollen Zustände lebendigst versetzt wird, welche ihm hier als die größten Steine des Anstoßes galten.

GS.2.116,5

Wir Menschen alle sind fehlerhaft vor Gott, und Gott verzeiht uns die Fehler, so wir sie erkennen und bereuen!

JJ.140,2

Mag da geschehen, was da wolle, die Meinen werden allezeit sich unter Meinem allmächtigen Schutze befinden, sei es auf der Welt oder in der Hölle. Die Welt und ihre Schwester, die Hölle, aber wird stets das bleiben, was sie ist – bis zu ihrem Gerichte. Ich aber weiß gar wohl, warum Ich über ein oder das andere Volk dies oder jenes kommen lasse. Euch aber genüge es, zu wissen, dass da von Mir, dem Vater aller Menschen, keine bösen Gaben den Kindern, wie diese auch beschaffen sein mögen, gereicht werden, am wenigsten denen, die Mich suchen, erkennen und lieben.

Hi.2.295,13-14

Von nun an soll von Mir nur das Geringe angesehen werden, und Ich will an der glanzlosen Einfalt mein ewiges Wohlgefallen haben. HGt.3.19,23

Es steht einem jeden Menschen frei sich in jedem Augenblick an Gott zu wenden und Ihn um Beistand anzuflehen, und Gott wird Sein Antlitz zu dem Flehenden wenden und wird ihm helfen aus jeglicher Not! GEJ.1.92,13

Glaubet fest in euren Herzen, und fühlet es lebendig, dass das ewige Leben durch Meine Liebe vollkommen in euch ist, so werdet ihr allzeit glücklich. HGt.2.169,3

Es spricht sich ein offenbarer Undank bei jenen aus, die, wenn sie schon sehr vieles, das heißt von Mir aus Unendliches, empfangen haben, noch immer meinen, nichts zu haben. Diese Menschen haben noch nicht die leiseste Ahnung von dem inneren Werte der Dinge. Sie zählen dieselben nur nach ihrem äußeren Volumen und kümmern sich wenig oder gar nicht um das wertvolle innere Wesen der Dinge, bedenken aber dabei nicht, dass die Schale der Nuss nicht genießbar ist, sondern nur die innere ölige Frucht. Hi.1.177,5

Wahrlich, Ich sage es euch, alle Engel, alle Himmel und alle Welten mit all ihrer Weisheit können euch nicht geben in Ewigkeit, was ihr erreichen könnet, so ihr einem Bruder, der im Elende war, wahrhaft geholfen habt nach aller eurer Kraft und nach allen euren Mitteln! Nichts stehet höher und näher bei Mir denn allein nur die wahre, tätige Liebe! GEJ.4.1.12

Tue, was dein Herz dir irgend sagt in Meinem Namen, und du hast für dich und für Mich genug getan!

GEJ.3.166,13

Ihr könnt wohl Meine Jünger werden, aber nicht so leicht, wie ihr das meint! Wer nämlich Mein Jünger werden will, der muss mit der ganzen Welt brechen und darf nicht auf ihre Lockungen sehen; denn alle Welt ist ein beständiges Gericht und ein fortwährender Tod. Wer die Welt liebt, ist nicht wohlgeschickt und tauglich, ein rechter Jünger von Mir zu werden; denn der Liebe zur Welt liegt kein Leben zugrunde, sondern nur das Gericht und der Tod. Ich aber brauche keine toten, sondern nur so ganz freie und lebendige Jünger.

GEJ.6.220,5

Ein Herz voll Liebe aber ist der Gott, dem Herrn in Christo, allein wohlgefällige lebendige Tempel und ist Ihm lieber denn eine Welt voll salomonischer, die alle tot sind, während das Herz lebendig ist und kann Gott und alle Brüder lieben! Also erbauet von neuem diesen Tempel in euch geistlich, und opfert allezeit im selben dem Herrn lebendig!

Lao.3,17

Darin aber liegt die höchste Weisheit, dass ihr weise werdet durch die lebendigste Liebe. Alles Wissen aber ist ohne die Liebe nichts nütze! Darum bekümmert euch nicht so sehr um ein vieles Wissen, sondern dass ihr viel liebet, so wird euch die Liebe geben, was euch kein Wissen je geben kann!

GEJ.4.1,9

Darum besteht die wahre Nächstenliebe in dem, dass man seinem Nächsten alles das tut, von dem man vernünftigerweise wünschen kann, dass er es einem auch tut. GEJ.7.94,17

Es versteht sich ja von selbst, dass da ein jeder nur durch die freiwillige, völlige Beschränkung seiner äußeren Weltfreiheit, also durch eine völlige Selbstverleugnung, zur inneren Freiheit des Geistes gelangen kann, darinnen begründet ist das ewige Leben. - Denn was immer der Mensch tut vergnüglich nach seinem äußeren freien Willen, das zieht ihn ab vom Geiste und verrammet ihm den stillen und allzeit schmalen Pfad in den geistigen freien Willen. Er mag wohl äußerlich das Wahre, zum inneren Leben Benötigte als solches erkennen. Aber er wird dennoch nie den mächtigen Liebetrieb in sich gewahren, das auch völlig zu tun, sondern wird sich entweder mit dem alleinigen Wissen begnügen oder er wird sein halb hin und halb her - also ein Lauer, der schwerlich je zur inneren, geistigen Freiheit gelangen wird! Hi.2.232,3-4

Oh, es genügt lange nicht, nur zu wissen und zu glauben, was nach der Ordnung Gottes und aller Himmel gut, recht und wahr ist, sondern handeln muss man danach in aller Liebe und Freudigkeit des Herzens, dann erst kommt das Reich Gottes und seine Gerechtigkeit wahrhaft unter euch Menschen und macht euch also erst zu den wahren Kindern Gottes! GEJ.4.100,1

Tuet ihr das eurige, so wird Gott das Seine zu tun nicht unterlassen. GEJ.2.104,23

Du kannst aber, wenn du die Engel auch nicht siehst, mit ihnen reden und kannst sie fragen um allerlei, und sie werden dir die Antwort in dein Herz legen, die du allzeit als einen klar ausgeprägten Gedanken im Herzen vernehmen wirst. Und das ist besser denn die äußere Rede! Ich sage es dir: Ein Wort, das dir ein Engel in dein eigenes Herz gelegt hat, ist für deine Seele heilsamer als tausende Worte, durch das Ohr von außen her vernommen! Denn was du im Herzen vernimmst, das ist schon dein Eigentum; was du aber von außen her vernimmst, das musst du dir erst zu eigen machen durch die Tat nach dem vernommenen Worte. GEJ.2.39,6

Geist, der allein lebendige im Menschen, ist pur Liebe und ihr zartestes und ewig wohlwollendstes Gefühl. Wer demnach solche seine Liebe und deren zartestes und ewig wohlwollendstes Gefühl in seine eigenliebige Seele stets mehr und mehr aufzunehmen bemüht ist und in selben auch stets stärker, kräftiger, mutiger und gefügiger wird, der befördert dadurch die volle Einung des Geistes mit der Seele; und wird dann die Seele zu purer Liebe und Weisheit ihrem zartesten und wohlwollendsten Gefühle nach, so ist solch eine Seele denn auch schon vollends eins mit ihrem Geiste und ist dadurch denn auch im lebendigsten Besitze aller der wunderbaren Lebens- und Seinsfähigkeiten ihres Geistes. GEJ.8.150,15

Ihr sollet allzeit zuerst auf das merken, was in euch vorgeht, und das, was ihr außerhalb sehet und höret, zu führen in euch zurück bis zur Wurzel alles Seins?! Liegt nicht der Grund aller Dinge lebendig in euch?!
HGt.1.116,6

Am besten aber ist es, wenn der Mensch stets sagt: ‚O Herr, sei mir, dem Sünder, gnädig!', und urteilt über niemand Arges, betet für seine Feinde und tut sogar noch jenen zu aller Zeit Gutes, die Übles von ihm reden und wo möglich ihm auch Übles zufügen. GEJ.2.209,3

Die Übung in allem aber macht erst den Meister; durch eine zu geringe Übung aber bleibt der Mensch ein ewiger Stümper und kann zu nichts Großem und Außerordentlichem verwendet werden. GEJ.10,017,10

Wer auf Mich schwach vertrauend baut, der soll auch ernten nach seinem Vertrauen! Ich werde jedermann geben nach seinem Vertrauen und nach seinem Glauben, der stets eine Frucht der Liebe zu Mir und zum Nächsten ist. GEJ.4.97,7

Die Meinen erkenne Ich an Meinem Eigentume in ihnen. Ste.10,20

Je mehr du Liebe zu Mir, deinem heiligen Vater hast in deinem Herzen, desto näher bist du Mir. HGt.3.41,15

Im Herzen aber ruht die Liebe als ein Geist, aus Meines Herzens Geist genommen. Dieser Geist hat aber so wie Mein eigener ohnehin schon alles zahllosfältig in sich, was die Unendlichkeit vom Größten bis zum Kleinsten enthält. RBl.2.279,5

Kostet es euch etwas einen Zwang und tut ihr es gewisserart nicht absonderlich aus Liebe, dann lasset es fein bleiben und tut unterdessen, was ihr aus Liebe wollet; denn was ein Mensch nicht ganz aus Liebe tut, das hat für sein Leben wenig Wert, da ja die Liebe in vollster Wahrheit das eigentliche Element des Lebens, das Urgrundleben selbst, ist. Was demnach die Liebe ergreift, das ist vom Leben ergriffen und geht ins Leben über; was aber von der Liebe unberührt bleibt, und was der Mensch bloß darum tut, weil er entweder eine üble Folge befürchtet, oder weil sein bisschen Hochmut es haben will, um bei den andern Menschen als Weiser zu gelten, das geht nicht ins Leben über, sondern in den Tod nur, weil es statt vom Lebenselemente nur von dem Element des Todes ergriffen worden war!

GEJ.3.48,2-3

Bleibet allein bei der Liebe, so wird euch stets die Fülle Meiner Segnungen werden; werdet ihr aber nicht allein nur an die Liebe euch halten, so werden dann Meine Segnungen auch sein gleich eurer Liebe!

HGt.2.169.10

Wollt ihr Menschen wahrhaft glücklich leben, dann bleibt bei eurer alten Einfachheit! Erstens kostet diese euch wenig Mühe und Arbeit; und zweitens habt ihr nur ganz geringe natürliche Bedürfnisse, die ihr leicht deckt. Eine zu große Verbesserung in irdischen Dingen ist stets eine wahre und dauernde Verschlimmerung im Geistigen, das der Mensch mit allen Kräften seines Lebens doch nur allein kultivieren soll. GEJ.4.183,7

In der Folge wird bei denen Mein Segen nicht verbleiben, die da zu bequem sein werden, nach einer empfangenen Gnade Dem die Ehre zu erweisen, von dem sie die Gnade erhalten haben. GEJ.9.66,30

Liebe aus euch ja niemand die Welt und sein Fleisch mehr denn seinen Geist! Jeder bekümmere sich vor allem nur um das, was da ist des Geistes, so wird er auch ehestens das erhalten, was da ist des Geistes, nämlich die volle Gottähnlichkeit! Wer sich aber stets mehr kümmert um das, was da ist der Welt und des Fleisches, ja der muss sich's ja auch ganz allein zuschreiben, dass er auf dem gleichen Nachtgebiete des Todes verbleibt. Darum seid tätig und übertätig für den Geist! Kein Schritt vorwärts gereue euch! Denn da ist eine jede Tat und ein jeder Schritt stets vom höchsten Segen Gottes begleitet. GEJ.3.3,7-10

Die Liebe lehrt dich, allen Wesen wohlzutun und sie so glücklich als möglich zu machen. Die Demut lehrt dich, klein zu sein und sich über niemanden – möchte er noch so unbedeutend scheinen – hochmütig zu erheben, sondern sich selbst stets als den Geringsten zu betrachten. Und die Sanftmut lehrt dich, jedermann stets gleich wohlwollend zu ertragen und aus dem innersten Herzensgrunde bemüht zu sein, jedem zu helfen, wo es ihm nottut. Und das allzeit durch jene sanftesten Mittel, durch die ja niemand im geringsten in seiner Freiheit beirrt werden kann, durch die allerhöchste und reinste, sich selbst nie berücksichtigende Liebe! Siehe, das sind die Dinge aller himmlischen Meisterschaft! BM.50,13-14

Du aber suchest Gott, – darum bist du auch ein Gotteskind. Die Kinder der Welt aber suchen nur die Welt und sind darum auch deren Kinder. Sie fliehen das Göttliche und suchen nur die Ehre und das Ansehen der Welt. GEJ.3.92,5

Der Herr hat dem Menschen die Schwächen zur selbständigen Probung gegeben, und eben durch diese Schwächen ist unser aller geistige Freiheit bedingt, und wir können eben durch die Erkenntnis und Besiegung derselben erst vollkommen frei im Geiste werden. Denn die Schwäche in uns ist ein vom Herrn geflissentlich unvollendeter Teil unseres Wesens, den wir selbst vollenden sollen, um dadurch die göttliche Ähnlichkeit unseres Geistes in uns selbst bekräftigend zu rechtfertigen und dadurch ein wahrhaft freies Leben für ewig durch uns selbst zu gründen.
So wir aber nur lieber unsere Schwächen verdeckt, als geoffenbart in uns tragen wollen, da schaden wir uns ja nur selbst und sind selbst Schuldträger, so wir am Ende durch sie zugrunde gehen! HGt.3.110,7-9

Gott in Sich Selbst ist die reinste Liebe und kehrt Sein Antlitz nur denen zu, die ebenfalls in der reinen Liebe ihres Herzens zu Ihm kommen und Gott Seiner Selbst willen suchen, Ihn als ihren Schöpfer dankbarst wollen kennen lernen und den heißen Wunsch haben, von Ihm selbst beschützt und geführt zu werden. Oh, die also kommen, für die weiß Gott in jedem Augenblick nur zu gut, wie es mit ihnen steht, und Er Selbst lehrt und leitet sie alle Wege: aber die von Ihm nichts wissen wollen, für die weiß dann auch Gott im vollsten Ernste nichts! GEJ.1.92,16-17

Wer bei sich klar erfahren will, ob er der Hölle oder
dem Himmel angehört, der frage sorgfältig sein inneres Gemüt. Sagt dieses nacheinander nach der Grund-
neigung und Liebe: Das ist mein und jenes ist auch
mein, und das möchte ich und jenes möchte ich auch,
dieser Fisch ist mein und den andern will ich fangen,
gebt mir alles, denn ich möchte, ja ich will alles. – Wo
das Gemüt sich also hören lässt, da ist noch die Hölle
der positive Pol. Wenn aber das Gemüt sagt: Nichts ist
mein, weder dieses noch jenes, alles ist des Einen und
ich bin des geringsten nicht wert, und so ich etwas
habe oder hätte, soll es nicht mein, sondern meiner
Brüder sein – wenn das die innere Antwort des Gemütes ist, so ist der Himmel der positive Pol. GS.2.118,3-4

Jeder aber prüfe die Neigungen seines Herzens, und er
wird leicht erfahren, wessen Geistes sein Herz voll ist.
Ziehen seine Neigungen das Herz und dessen Liebe zur
Welt hinaus, und fühlt er in sich eine Sehnsucht, in der
Welt etwas Großes und Angesehenes zu werden, – hat
das hochmütig werden wollende Herz ein Missbeha-
gen an der armen Menschheit, und fühlt es den Trieb
in sich, dass es herrschen möchte über die andern,
ohne zum Herrschen von Gott erwählt und gesalbt zu
sein, so liegt im Herzen schon der Same der Hölle, der,
so er nicht bekämpft und erstickt wird, dem Menschen
nach dem Tode des Leibes offenbarst nichts denn die
Hölle bereitet. GEJ.2.8.8

Die Menschen sind allzeit selbst schuld an allen Übeln,
von denen sie körperlich und seelisch heimgesucht
werden. GEJ.10.148,8

Das ist das Größte, was jemand tun kann, dass er den armen Bruder und die arme Schwester versorgt und das Alter unterstützt und sich liebevollst der Kleinen annimmt.

HGt.2.93,6

Suchet vor allem euer Lebensgefühl nach Meiner Lehre zu bilden und zu stärken, fühlet mit dem Armen seine Not und lindert sie nach euren Kräften und nach eurem Vermögen, tröstet die Traurigen, bekleidet die Nackten, speiset die Hungrigen, tränket die Durstigen, helfet, wo ihr könnet, den Kranken, erlöset die Gefangenen und den Armen im Geiste prediget Mein Evangelium, - das wird bis in die Himmel erheben euer Gefühl, euer Gemüt, und eure Seele wird auf diesem Lebenswege bald und leicht mit ihrem Geiste aus Gott eins werden und dadurch auch aller Seiner Weisheit und Macht teilhaftig werden. Und das wird doch sicher mehr sein, als vieles in der Welt zu wissen, aber dabei ein gefühlloser Mensch gegen seine Nebenmenschen zu sein und sich selbst durch sein zu wenig belebtes Gefühl das Zeugnis zu geben, dass man dem wahren Leben im Geiste noch sehr ferne steht.

GEJ.8.150,14

Wie leicht ist es, zu Dem zu kommen und Den zu finden, der dir mit aller Seiner Liebe stets überaus gegenwärtig ist! – So du an Mich denkest, siehe, da rede Ich, dein lieber Vater, mit Dir!

Hi.2.25,09

Die Liebe ist wahrhaft derjenige Schlüssel, mittelst welchem jedermann sogar bis in das Zentrum Meines Herzens dringen kann.

Hi.3.136,3

Es sind allerlei Klagen unter den Menschen. Dem einen sind die Zeiten zu schlecht; es wird alles teurer und dabei auch schlechter. Wieder andere haben eine förmliche Wut auf die Regierungen und wälzen alle Schuld auf sie. Wieder andere sind nicht zufrieden, wenn zu lange Frieden und kein Krieg ist. Andere wälzen wieder alle Schuld auf das Pfaffentum; wieder andere auf allerlei Luxus. Kurz, ein jeder sucht den Grund des Übels dieser Zeit bald bei einem, bald im andern; aber dass sich einer von all diesen Klägern bei der eigenen Nase nähme und sich fragen möchte, ob nicht etwa auch er irgend zur Verschlimmerung solcher Zeit irgendwann beigetragen habe und vielleicht noch beiträgt, das fällt keinem ein! Ein jeder empfindet das Übel nur von außen; aber in sich selbst erschaut er es nicht.   EM.64,1

Gott prüft jeden wohl zuvor, bis Er ihm augenscheinlich hilft; hat ein Mensch aber auch in aller Prüfung seine Treue und Liebe zu Ihm bewahrt, dann kommt denn auch auf einmal, ehe sich's ein Mensch versieht, die allzeit augenscheinliche Hilfe von Gott, und Sein Segen bleibt dann immerdar über dem Getreuen.

GEJ.9.60,7

Des Menschen Herz wird sein der lebendige Tempel des wahren, einigen und einzigen Gottes, und die werktätige Liebe wird sein der allein wahre Gottesdienst, und die Liebe zu Gott wird sein dessen ganz allein wahre Anbetung!   GEJ.5.132,4

Wer den inneren Frieden hat, der kann ziehen, wohin er nur immer will, so ziehet er in Frieden!   GEJ.5.73,6

Niemand aber kann Gott lieben in seinem finstern Fleische, so er seinen Bruder hasset; denn wie möglich könnte jemand Gott lieben, den er nicht sieht, so er seinen Bruder nicht liebt, den er sieht?! Es ist aber bei weitem nicht genug, zu sagen: ‚Ich liebe meine Nächsten und bin ihnen sehr freundlich!‘ Die wahre und vor Gott allein gültige Liebe muss in Werken bestehen, wenn die Nächsten derselben bedürfen, geistig oder leiblich. Diese Liebe ist der wunderbare Schlüssel zum Lichte aus Gott im eigenen Herzen. GEJ.3.207,13

Glaube an das Licht, dieweil du es hast, auf dass du ein Kind des Lichtes wirst! Hi.2.168,3

Wer da nicht versteht, mit den Weinenden zu weinen, mit den Lachenden zu lachen, mit den Heiteren selbst heiter und mit den Ernsten selbst ernst zu sein, der ist noch nicht geschickt zur Ausbreitung Meines Reiches auf Erden. GEJ.10.189,7

Ein Mensch aber, dessen Gemüt stets mit allerlei Stürmen zu kämpfen hat, macht sich aus abermaligen irgend neu auftauchenden Stürmen wenig und behält leichter seine Fassung und bei allen Vorkommnissen die nötige Ruhe. GEJ.9.196,12

Die Gotteslehre ist so gegeben und gestellt, dass aus ihr jeder Geist seine ihm zusagende Nahrung saugen, sich ernähren, wachsen und zur Vollendung gelangen kann. RBl.1.114,14

Wenn ihr Gott suchen wollet und wollet Ihn auch er-
schaulich finden, da müsset ihr mit der größten Be-
stimmtheit hinaustreten und Ihn auch so suchen. Ihr
müsset ohne den allergeringsten Zweifel fort glauben,
dass Er ist, und wenn ihr Ihn auch noch so lange nicht
irgend zu Gesichte bekommen solltet, und müsset
dann auch mit eurer Liebe Ihn ebenso bestimmt ergreifen, als wie bestimmt ihr an Ihn glaubet. Sodann
wird es sich erst zeigen, ob ihr in eurem Denken, Glauben, Wollen und Lieben die größtmöglichste Be-
stimmtheit erlangt habt. Habt ihr dieselbe erlangt,
wird sich Gott euch auch sicher zeigen, so Er einer ist.

GS.2.74,11-12

Was nützete es dem Menschen, so er mit diesem Erdenleben die ganze Welt gewönne, aber Schaden litte
an seiner Seele? Was kann ein solcher Mensch dann
geben, seine Seele zu lösen? Darum muss der Mensch
dieses Leibesleben ja allein nur dazu benutzen, dass er
dadurch das ewige Leben der Seele gewinnt. Benutzt
ein Mensch sein Leibesleben nicht vor allem dazu, so
ist er selbst schuld daran, wenn er das Leben seiner
Seele verwirkt oder es mindestens so weit schwächt,
dass sie hernach jenseits oft eine überaus lange Zeit zu
tun hat, um sich so weit zu sammeln, dass sie dann in
ein nur etwas helleres und besseres Geistleben über-
zugehen imstande ist. Denn solange eine Seele noch
mit einiger Liebe an ihrem Leibesleben und seinen
Vorteilen hängt, kann sie im Geiste auch nicht völlig
wiedergeboren werden; eine Seele aber, die in ihrem
Geiste nicht völlig wiedergeboren ist, kann auch
ebenso lange nicht ins wahre Reich Gottes eingehen,
weil darin kein Atom von etwas Materiellem bestehen
kann. GEJ.6.162,11

Sehet, bis jetzt war bei euch allen nur vorzugsweise der Verstand eures Kopfes die Leuchte eurer Seele, aber der ewig lebendige Geist, der da wohnt im Herzen der Seele, und der da ist das alleinig wahre, innerste, lebendige Licht des Lebens, der ist bei euch noch nie geweckt worden! HGt.2.56,6

Liebe Mich, suche Mich in der Liebe deines Herzens zu Mir. Komm zu Mir in dir, in deinem Herzen komme zu Mir, da Ich deiner harre für und für. Hi.2.25,3

Am Äußerlichen ist wenig gelegen, sondern alles an euch, wie ihr es nehmet! So gut es sein kann und wahr, so schlecht aber kann es auch sein und falsch, wenn ihr es so gebrauchen wollet oder nicht. Wenn aber unter der Sonne heilsame und giftige Kräuter wachsen, so denket: Es liegt nicht an der Sonne, so oder so, sondern allzeit an der jeweiligen inneren, entweder guten oder schlechten Beschaffenheit der Pflanze, ob da Segen oder Gift. – Daher liegt es allzeit an euch, ob gut oder schlecht. Hi.3.61,41

Siehe, darum tut dem Menschen nur eine Sorge Not, und diese besteht darin, Gott, den heiligen Vater, zu suchen allzeit, nicht nur in der Not, sondern auch auf den liebegerechten Wegen! Und wer da Ihn als das allerhöchste Gut gefunden hat, der soll Ihm nicht sobald wieder den Rücken zukehren, sondern bei Ihm verbleiben, – sonst wird er allzeit seiner Ohnmacht gewahr werden schon auf dem halben Rückwege und erst durch bittere Erfahrungen erkennen müssen, wie gar nichts er ohne Gott vermag. HGt.1.160,7

Es folge deine Seele nur allzeit dem lauteren Zuge des Herzens und fache darin eine rechte helle Flamme an, so wird es in der ganzen Seele bald helle werden und der Geist Gottes wird in ihr aufgehen wie eine Sonne, und in seinem Lichte und in seiner Lebenswärme wird erst die Saat Gottes aufgehen und die Seele versehen mit den Früchten des Lebens für die Ewigkeit! Aber es kann der Geist Gottes im Menschen nicht geweckt werden anders denn durch die Liebe zu Gott, und aus solcher Liebe heraus in der Liebe zum Nächsten.

GEJ.2.144,6-7

Alles im Menschen ist tot bis auf die Liebe! Darum lasset eure Liebe walten in der Fülle über euer ganzes Wesen und fühlet Liebe in jeder Fiber eures Wesens - so habt ihr den Sieg über den Tod in euch! Und was in euch tot war, ist durch eure Liebe ins unverwüstliche Leben übergegangen. Denn die Liebe, die sich selbst fühlt und aus solchem Gefühle heraus auch erkennt, ist das Leben selbst, und was in sie übergeht, das geht auch ins Leben über!

GEJ.3.48,5

Wenn dein Geist in dir wach wird, so wirst du seine Stimme wie lichte Gedanken in deinem Herzen vernehmen. Diese musst du wohl anhören und dich danach in deiner ganzen Lebenssphäre richten, so wirst du dadurch deinem eigenen Geist einen stets größeren Wirkungsraum verschaffen; also wird der Geist wachsen in dir bis zur männlichen Größe und wird durchdringen deine ganze Seele und mit ihr dein ganzes materielles Wesen.

GEJ.4.76,10

Ihr müsst euch fürder wegen einer Meinungsverschiedenheit nicht mehr anfeinden, noch euch gegenseitig einer Menge Sünden beschuldigen, als hättet ihr ein Recht, euch zu richten und zu verurteilen! Da ihr alle in der Schrift ziemlich bewandert zu sein scheinet, müsst ihr es ja auch wissen, dass wer zu seinem Bruder sagt: ‚Du Narr!' des ewigen Feuers in der Hölle schuldig sein soll. So ihr dieses wisst, wie könnt ihr dann hadern miteinander? Ein jeder von euch ist für sich voll Fehler und Gebrechen und hat genug vor seiner Tür zu fegen! Daher mache sich keiner breit über die Fehler seines Bruders, denn das ist am meisten ein Gräuel vor Gott.

RBl.1.142,1-2

Du bist nun ein von Mir wie losgetrenntes Lebensfünkchen Meiner Liebe und kannst selbst zu einer Mir ähnlichen, großen und selbständigen Liebesflamme werden, dadurch, dass du Mich über alles liebst und deinen dir völlig ähnlichen Nächsten wie dich selbst. Bist du aber das und wirst du Mich denn auch also lieben, so wirst du bald in dir selbst einsehen, wie Ich als die ewige Liebe alles in allem bin und wieder alles in Mir ist.

GEJ.9.85,11

Es genügt lange nicht, nur zu wissen und zu glauben, was nach der Ordnung Gottes und aller Himmel gut, recht und wahr ist, sondern handeln muss man danach in aller Liebe und Freudigkeit des Herzens, dann erst kommt das Reich Gottes und seine Gerechtigkeit wahrhaft unter euch Menschen und macht euch also erst zu den wahren Kindern Gottes!

GEJ.4.100,01

Vergib, Herr, mir nicht meine Sünde, denn sie war notwendig, um in mir den Kampf zur neuen Menschwer-
dung hervorzurufen; aber vergib mir die Schande
meiner oftmaligen Niederlage, und ich will mich Deiner freuen, o Herr!   GEJ.3.159,06

Wisse, dass jede Gabe mehr dem Geber frommt denn
dem Empfänger!   HGt.1.98,14

Ihr liebt alle den Christus, der einst lehrte auf der Welt
oder der da wiederkommen möchte, zu richten die
Welt - also den vergangenen oder den zukünftigen
Christus liebet ihr nur! Aber das ist gefehlt! Denn bei
solcher Verfassung kann Ich Mich euch nicht nahen als
euer Vater in der Gegenwart, sondern nur als der der
Vergangenheit oder der der Zukunft, und kann euch
nicht kräftigen, weil ihr Mich nur in eurer Erinnerung
ehret, aber nicht in eurem Herzen lebendig liebet!
                                                       Hi.2.265,4-5

Gebet gerne und gebet reichlich; denn wie ihr da aus-
teilet, so wird es euch wieder zurückerteilt werden!
Wer ein Hartherz besitzt, das wird von Meinem Gnadenlichte nicht durchbrochen werden, und in ihm wird
wohnen die Finsternis und der Tod mit all seinen
Schrecken! Aber ein sanftes und weiches Herz wird
von Meinem Gnadenlichte, das gar zarter und über-
sanfter Wesenheit ist, gar bald und leicht durchbrochen werden, und Ich Selbst werde dann einziehen in
ein solches Herz mit aller Fülle Meiner Liebe und Weisheit.   GEJ.4.79,7-8

Sammle dich nur einmal oder, noch besser, mehrere Male in der Liebe zu Mir! Habe aber dabei wohl acht auf alle Gedanken in dieser Andachtszeit! – Siehe, alle diese Gedanken werden Meine an dein Herzlein sanft, leise und stille gerichteten Worte sein! Ein leiser Hauch um deine Stirne und Augen und ein ganz leichtes fiebriges Wehen durch die Brust wird dir ein sicheres Zeichen sein, dass Ich, dein guter, lieber, heiliger Vater, dich segnend stärke und also doch ganz sicher bei dir bin.   Hi.2.26,13-14

Wo immer du mit der Liebe zu Mir dich hinbegeben wirst, werde Ich bei dir sein, da deine Liebe zu Mir Ich Selbst bin! Denn Ich bin überall gegenwärtig, wo wahre und reine Liebe in einem Herzen zu Mir in rechter Fülle gegenwärtig ist.   RBl.2.191,03

Bleibet fortan also in Meiner Liebe, und Ich werde in eben dieser Liebe auch fortan in euch, bei euch und unter euch verbleiben, und um was ihr in dieser Welt den Vater in Mir bitten werdet, das wird euch denn auch gegeben werden. Nur bittet nicht um eitle Dinge dieser Welt, sondern um die ewigen Schätze des Reiches Gottes; denn alles andere, was ihr zum Leben in dieser Welt benötigt, wird euch schon ohnehin gegeben werden!   GEJ.10.31,2

So geschieht in dieser Welt als von Mir zugelassen nichts, das da nicht zum Heile der Menschen dienen könnte.   GEJ.10.52,12

Ich möchte wohl ganz und gar in dein Herz einziehen, wie einst in Jerusalem, aber du hältst die Türe in dies Mir wohlgefällige Gemach des Lebens stets sehr enge, so dass Ich mit Meiner Eselin nicht hinein kann. Was aber ist es wohl, das in dir die Türe in dein Herz so sehr beengt? – Siehe, es sind die Sinne deiner Seele, welche da ausmachen deinen Verstand; dieser ist zu angestrengt tätig, entzieht dadurch dem Herzen zu viel des Lebensfeuers und verbraucht es im Gehirne um nichtige Dinge. Dafür aber leidet dann dein Herz einen Mangel und wird von außen her beengt, weil es zu wenig des Lebensfeuers rückbehält.   Hi.2.261,02

Das Sinnen, Trachten und Handeln eines Menschen, sowie seine innere, geistige Beschaffenheit, steht stets im Einklange mit seiner äußeren Umgebung, so dass sich alsbald Wechselwirkungen daraus ergeben.

GEJ.11.3,6

Wer einen Fehler in sich als solchen erkennt und ihn ablegt, dem ist er auch schon vergeben für immer, und wer sich darauf zu Mir kehrt, dem ist jeder doppelt vergeben! Wer aber seinen Fehler wohl erkennt, ihn aber behält in seiner Natur, dem ist er nicht vergeben, und käme er auch hundert Male zu Mir!   GEJ.3.165,05

Wer immer an irgend Weltlichem mehr Behagen findet denn an Mir, dem werde Ich von nun an nur ganz kurz zusehen; kehrt er sich nicht bald um, so solle er gerichtet sein!   Hi.3.205,2

Zum Vater werden nur jene kommen, die Ihn wohlausgebildet in ihren Herzen mitbringen werden, und diese auch werden nur imstande sein, das wahre Urangesicht des ewigen Vaters zu erschauen. Wie aber ein jeder andere Mich in sich verbildet hat nach seinem Behagen, also auch soll er Mich haben fürder.

HGt.2.259,16-17

Wer demnach eine Torheit begeht, der erkenne die Torheit, lege sie ab und begehe sie nicht mehr, und sie wird ihm vergeben sein auch im Himmel; aber solange er das nicht tut und dennoch von Zeit zu Zeit Gott um die Vergebung seiner Sünden bittet, so werden sie ihm nicht vergeben werden eher, als bis er durch die volle Ablegung seiner alten Torheiten sich selbst seine Sünden vergeben hat.

GEJ.8.193,14

Klein zwar ist das Herz des Menschen, aber desto größer der Horizont seiner Gefühle, so jemand ist in der Kraft des Glaubens aus der reinen Liebe zu Mir. Ich sage euch, es ist kein Ding so verborgen, dass es nicht von den Strahlen des reinen Gefühls erreicht werden möchte; und haben dann die reinen Strahlen des Gefühls irgendetwas erfasst, so fraget euch selbst, ob es noch möglich wäre, die Sache anders zu erfassen, als sie an und für sich wirklich ist und besteht. Daher sollet auch ihr euren Verstand unter den Gehorsam des reinen Gefühles im lebendigen Glauben aus der Liebe zu Mir vollends gefangen nehmen, so werdet ihr alle Dinge schauen, wie sie sind; und dann erst werdet ihr klar und deutlich einzusehen anfangen, wo die ewige Sonne der Wahrheit und Wirklichkeit leuchtet.

Hi.3.65,1+5

Du siehst aber mit deinen fleischlichen Augen die Gegenden und die Menschen dieser Erde, sowie auch alle andern toten und lebendigen Objekte, als wären sie wirklich außer dir; allein Ich sage dir, dass alles das, was du siehst, du nur in dir selbst siehst. Deine Seele hat nur mit den Abbildern der äußeren Wirklichkeit, die außer ihr sind, zu tun und nicht mit den Wirklichkeiten selbst. GEJ.10.195,14

Solches also aber wisse, dass auf dieser Welt alles im Menschen nur eine auszubildende Anlage ist für einen endlos erhabenen ewigen Zweck; daher soll er von den in sich wahrgenommenen Kräften nicht eher einen Gebrauch machen, als bis sie zur Vollreife gelangt sind. Wie aber die Früchte der Erde nur im Lichte der Sonne reifen, also reifen auch die geistigen Kräfte des Menschen in Meinem Lichte nur. Daher soll jeder Mensch seine Kräfte auf Mich hinwenden, so wird er ein vollkommen reifer, mächtiger Mensch werden in Meiner Ordnung. Wer aber das nicht tut, der ist selbst schuldig an seinem Tode. HGt.3.64,16-18

Lasset beiseite, was nur immer den Namen Ärger hat! Denn seht, aller noch so geringe Ärger entstammt der Hölle und verträgt sich nie mit der reinen Natur Meiner himmlischen, noch kleinen Kindlein, als wie ihr es nun noch seid. Ihr müsst euch überhaupt über gar keine Erscheinung, wie böse sie auch immer aussehen mag, auch nur im geringsten ärgern. Denn das Ärgern der Kinder der Himmel verleiht der Hölle einen Vorschub und gibt ihr Stoff zum Wiederärger, den sie nur zu leicht und zu bald vergrößert und in einen neuen Wirkungsstand setzt. RBl.2.169,06

Suche nicht die Kraft und die Macht des Herrn dir zu eigen zu machen, sondern suche vielmehr ein Allerschwächster und Allergeringster in Seinem Reiche zu werden und nichts zu besitzen als Seine Liebe und nichts zu wünschen, als nur bei Ihm zu sein, dann wirst du ewig wohnen wie ein zartes, vielgeliebtes Kindlein auf den heiligsten Armen des ewig allerliebevollsten Vaters!

GS.2.60.24

Wer sich selbst nicht verdammt, den verdammen auch wir nicht. Wer sich aber aus der argen Liebe seines Herzens selbst verdammt, der soll auch verdammt sein! Kurz und gut, einem jeden werde, was er selbst will. Und so ihm das wird, ist das wohl das höchste und vollendetste Recht, das jemandem zuteilwerden kann.

RBl.1.111,06

Ich muss als Gott ja das sein, was und wie Ich bin und sein muss, auf dass du aus Mir und neben Mir das sein kannst, was du bist und was du noch vielmehr werden wirst. Übrigens bist du ja doch Mein Werk, und so du dich als Mein Werk gar so für ein vollstes Nichts ansiehst, da beschimpfst du ja Mich! Und das, meine Ich, wirst du ja doch nicht füglich tun können!

RBl.1.147,2

Erwecke in dir recht lebendig das Gefühl der Liebe, des Mitleids, der Erbarmung und des Wohltuns. Bleibe von nun an fortwährend wachsend in der Liebe, in der Erbarmung und in der lebendigen Sehnsucht, den armen Blinden nach Möglichkeit Gutes zu erweisen; dadurch wirst du selbst fort und fort reicher und dadurch auch glücklicher werden!

GEJ.10.175,2

Danken für eine empfangene Wohltat ist schön, recht und billig; denn man ist dem, der einem Liebe bezeigt hat, auch wieder alle Liebe und Freundschaft schuldig.

GEJ.8.119,4

Wissen ist etwas anderes und Fühlen auch ganz etwas anderes. Zum Wissen kann man durch, selbst den trockensten, Fleiß gelangen und zur Weltklugheit durch Erfahrungen; aber zum wahren Fühlen gehört mehr als viel lernen und erfahren! Vieles Wissen macht das menschliche Herz nicht fühlen und allzeit recht wollen, und die Erfahrung kann uns im Schlechten wie im Guten klug machen; nur ein rechtes Gefühl belebt alles und ordnet alles und gibt Ruhe und Seligkeit. GEJ.3.242,7-8

Du musst Gott in dir suchen, erkennen und dann über alles lieben, so wirst du das ewige Leben haben.

HGt.3.56,11

Wahrlich, wahrlich, sage Ich euch, diese Erde und alles, was auf ihr, in ihr und über ihr ist, und die Sonne und alles, was da ist in ihr, auf ihr und über ihr, und alle die großen Sterne mit ihren zahllosen Weltenheeren und mit ihrem Lichte und mit allem, was da ist in ihnen, auf ihnen und über ihnen, und was da war und sein wird nach undenklichen Zeitläufen, und den ganzen Himmel in aller seiner Unendlichkeit, alle zahllosen Myriaden der Engelscharen mit aller ihrer Herrlichkeit, ja Mich Selbst habt ihr in euch! HGt.2.86,8

Liebet Gott wahrhaft über alles und den armen Nächsten wie euch selbst, so werden euch auch eure vielen und großen Sünden vergeben werden! Denn so ein Mensch die Sünde nicht völlig verlässt, so kann sie ihm auch nicht erlassen werden. Denn die Sünde ist ja des Menschen eigenstes Werk, weil sie hervorgeht aus seinem Fleische und aus dem Willen seiner Seele.

Die guten Werke nach dem Willen und nach dem Worte Gottes sind und bleiben eigentlich, wenn der Mensch sie auch tut aus freier Selbstbestimmung, eine Gnade von oben, ein Verdienst des Geistes Gottes im Menschenherzen, und der Mensch wird dessen teilhaftig eben durch die Gnade Gottes. GEJ.6.10,13-14

Eure Leiber sind durchaus keine Wirklichkeit; denn sie sind das nicht, was sie zu sein scheinen. Sie haben wohl eine menschliche Form, die sich als gegliedert nach dem Willen der Seele bewegen lässt; wenn aber diese Form vergeht, so geht sie gleich wieder in zahllos viele andere Formen über. Nur die reine Wahrheit ist eine reelle Wirklichkeit, alles andere an euch noch irdischen Menschen ist Schein und ein notwendiger Sinnentrug. Denn solange ein Mensch seines Leibes wegen arbeitet, um sich Schätze dieser Welt zu sammeln, so lange ist auch seine Seele aus dem Truge ihres Leibes selbst im größten Truge; denn wer das Leibesleben ein Leben heißt und es als solches betrachtet, dessen Seele ist so lange als tot anzusehen, als wie lange sie in sich nicht gewahr wird, dass das Leben des materiellen Fleischleibes der eigentliche Tod ist. GEJ.6.189.6

So ihr zunächst für euch sorgt, so seid ihr von Gott verlassen und ledig Seines Segens und Seiner sonst so über alles sicheren Hilfe! Denn Gott hat die Menschen nicht aus Selbstsucht, sondern aus purer Liebe erschaffen, und so sollen die Menschen der Liebe, die ihnen das Dasein gab, in allem völlig entsprechen!

GEJ.1.125,14

Wer da ist gar stark in seinen Gedanken über allerlei Dinge, der leite alle diese seine Gedanken zurück ins Herz; ja, in die Tiefe seines Herzens versenke er alle seine Gedanken, allda der lebendige Opferaltar der reinen Liebe aufgerichtet ist, lege sie da auf diesen geheiligten Altar und entzünde sie alle da mit der sonst vielleicht schwächeren Flamme seiner Liebe, damit dadurch lebhafter diese Flamme werde und Gott wohlgefälliger und er desto lebendiger durch und durch! Wer da stark ist im Empfinden, auch der leite diese reiche Ölquelle hin auf den Altar der reinen Liebe im Herzen, damit die Flamme eine beständige Nahrung habe zur allerschuldigsten Verherrlichung des größten und allerheiligsten Namens Jehova in uns! HGt.2.25,51-52

Im Menschen wohnen nicht nur die puren Gedanken Gottes, sondern auch die lebendigen Wesen. Was würde es euch nützen, so jemand sagte: Siehe hier meine Brüder, siehe da meine Schwestern, wenn er sie aber nicht liebete? Liebt er sie aber, so liebt er sie doch sicher nicht draußen, sondern in seinem Herzen! Und so denn sind sie für ihn nicht draußen, sondern sie sind in der Liebe seines Herzens. GS.2.12,19

Siehe, wer noch reden kann in Meiner Gegenwart, der ist noch ein Herr seines Herzens; wer aber in Meiner Liebe Gegenwart nicht mehr reden kann, dessen Herzens bin Ich ein Herr geworden und erfülle es dann mit Meiner Liebe und mit dem ewigen Leben aus ihr!

HGt.2.21,18

Wer zum vollen Lebenslichte der Wahrheit gelangen will, muss zuvor das Feld der Lüge und der Täuschungen durchwandern; ohne dieses kommt niemand zur vollen Wahrheit. Siehe, die ganze Welt, ja sogar der Leib des Menschen und alles Körperliche ist für Seele und Geist eine Täuschung und somit auch eine Lüge; aber ohne sie könnte keine Seele zur vollen Wahrheit des Lebens gelangen! Aber im tieferen Grunde ist auch die Körperwelt wiederum keine Täuschung und keine Lüge, sondern ebenfalls volle Wahrheit; aber sie liegt nicht offen, sondern ist innen verborgen und kann durch Entsprechungen gefunden werden.   GEJ.7.137,12-13

Wie aber kann ein jeder Mensch die Grundhölle in sich unterjochen, sie nicht aktiv, sondern rein passiv machen? Das ist überaus leicht. Man vergebe dem beleidigten wie dem beleidigenden Teile von ganzem Herzen im Namen des Herrn und segne den Beleidigten wie die Beleidigenden ebenfalls im Namen des Herrn - es versteht sich von selbst, dass solches alles vollernstlich geschehen muss – und die ganze Hölle ist im Menschen schon unterjocht! Ich sage euch, fürwahr, ein reumütiger Blick zum guten Vater genügt, um der Hölle für alle Ewigkeit zu entrinnen! GS.2.117,12-14

Ihr wisset, dass der Geist des Menschen ein vollkommenes lebendiges Abbild des Herrn ist und hat in sich den Funken oder Brennpunkt des göttlichen Wesens. So er aber solches unleugbar in sich fasst, so fasst er ja auch Alles des Herrn in sich. Er trägt somit das Unendliche vom Kleinsten bis zum Größten vollkommen göttlicherweise in sich, oder er hat des Herrn Alles durch seine mächtige Liebe zu Ihm wie auf einen Punkt in sich vereint.   GS.2.10,14

Kein Auge hat es je gesehen, kein Ohr vernommen, in keines Menschen Sinn ist es je gekommen, welche Seligkeiten für die bereitet sind, die Mich lieben und Meine Gebote treulichst halten! Seid darum nüchtern und in allem Guten und Wahren eifrig und in aller Liebe und Geduld tätig, auf dass Mein Geist in euch erwache und erstehe und euch zeige im klarsten Licht die innere Gotteswelt in eurer Seele Herzen; denn in dem ist eine für den Außenmenschen unentdeckte seligkeitsvollste Unendlichkeit verborgen, und niemand außer Mir kennt den Weg dahin! Ich aber zeigte euch diesen Weg; darum wandelt auf ihm, auf dass ihr in die Gotteswelt in euch selbst gelangen möget!   GEJ.10.69.9

Wer auf Gott vertraut, dem traut auch Gott und verlässt ihn nicht und lässt ihn nicht zuschanden werden! Aber jene, die, wie ihr, wohl an Gott glauben, dass Er einer ist, aber sie trauen Ihm nicht völlig, weil ihnen ihr eigenes Herz sagt, dass sie einer Gotteshilfe unwert sind, diesen hilft Gott auch nicht; denn sie haben ja kein Vertrauen auf Gott, sondern allein auf ihre eigenen Kräfte und Mittel.   GEJ.1.125,13

Niemand kann sagen: ‚Vater unser', so er durch die Werke der Nächstenliebe nicht offen aus seinem Herzen dartut, dass er alle Menschen als seine Brüder und Schwestern ansieht. Wer aber demnach die Werke der Liebe tut, der ist es, der da im Geiste und in der Wahrheit den Vater anbetet! Verstehet solches gar wohl und gar lebendig tief!

Hi.3.175,18

Unser Leben oder unsere Liebe aber ist in Gott, und Gott ist allein unsere Liebe und Leben, so wir aber schwach und lau werden in unserer Liebe zu Gott, so wird auch unser Leben schwächer und schwächer, so zwar, dass wir am Ende in dieser Lebensstummheit die Dinge in und um uns schauen, als wären wir blind und taub, und begreifen von allem dem nichts, was in und um uns vorgeht, und meinen dann, wenn uns Liebfaule und Träge der heilige Vater mit Seiner Gnade wecken kommt, es gezieme sich nicht, wach zu werden in der Liebe.

HGt.1.43,26

Du hast wohl geforscht und gesucht, aber zum Handeln kamst du nicht und glichest einem Baumeister, der einen Bauplan um den andern macht; aber so es zum Ins-Werk-Setzen des Bauplanes kommen soll, da lässt er sich von der Mühe und den Unkosten abschrecken und es kommt zu keinem Bau. Freund, das Denken, Sinnen, Urteilen, Forschen und Suchen ist keine Tat, sondern pur nur eine Vornahme zur Tat, – da aber das Leben selbst keine Vornahme zum Tatleben, sondern das Tat- und Wirkungsleben selbst ist, so muss die Lebensvornahme auch zur Lebenstat werden, so man durch sie das Gesuchte erreichen will.

GEJ.10.100.5-6

Machet womöglich alles gut, was ihr irgend Übles angerichtet habt, und ihr werdet dadurch Meiner Gnade in eurer Seele gewärtig werden! Wo ihr aber irgend an einem Menschen ein begangenes Unrecht nicht wieder gutmachen könnt, da habt doch den guten Willen dazu, und wendet euch vollgläubig im Herzen an Mich, und Ich werde eure rechte Bitte nicht unerhört lassen! Aber das sei auch euch allen gesagt, dass der nicht in Mein Reich eingehen wird, der nicht den auch noch so geringen Schaden, den er jemandem zugefügt hat, wieder gut gemacht hat! Denn was ihr nicht wollt, dass man euch tue, das tut auch eurem Nächsten nicht!

GEJ.10.107,5-6

Wer aber Mir ein Dankopfer bringen will, des Herz muss frei sein also wie die Liebe, da der Dank eine Blüte und eine Frucht der Liebe ist. Wer somit aber andersartig dankt, als er liebt, dessen Dank ist gleich einer hohlen Frucht, darin kein Kern des Lebens wohnt! Daher gehe zuvor hin und ordne dein Herz; dann erst komme und opfere deine Gabe, dass Ich sie ansehen und, wenn sie ohne Makel sein wird, auch annehmen werde! Amen.

HGt.1.140,4-6

Forschet in euren Seelen, wo noch irgendetwas Unreines steckt, und werfet es von euch! Solange ihr noch Missmut, Ärger, Unzufriedenheit, unreine Gedanken in euch entdecket, solange regt sich auch noch der Zweifel und lässt den lebendigen Glauben nicht erstarken. Dem Geiste sind jedoch alle diese Untugenden fremd, daher kann er die Seele nicht durchdringen, die freiwillig sich alles dessen entäußern muss!

GEJ.11.51,5

Wer die Liebe zu Mir erweckt, der erweckt seinen von Mir ihm gegebenen Geist, und da dieser Geist Ich Selbst bin und sein muss, weil es außer Mir ewig keinen andern Lebensgeist gibt, so erweckt er dadurch eben Mich Selbst in sich. GEJ.2.41,5

Es ist stets notwendig, dass ihr bei Betrachtung aller Dinge, die sich im menschlichen Leben dem Auge zeigen, niemals nach der Außenseite urteilt, sondern stets nach dem inneren Wesenheitskern. Materielle, äußere Dinge und geistige, innere, das heißt entsprechende Dinge können im scheinbar größten Widerspruch stehen, weil sie sich oftmals polar zueinander verhalten, ja, als sich völlig entgegenstehende Begriffe so verhalten müssen, trotzdem eines ohne das andere nicht bestehen kann. Treten diese Gegensätze recht grell vor eure Augen, so glaubt ihr unerklärliche Widersprüche zu entdecken, die jedoch für des Geistes Auge durchaus keine solchen bedeuten. GEJ.11.59,03

Wir wissen aber auch, dass jedes Ding in der Welt entsprechend gut oder schlecht sein kann, und dazu wird es von der Liebe (des Menschen) gemacht. Ist die Liebe nach der Ordnung Gottes, so wird durch sie alles gut; ist diese gegen die Ordnung Gottes, so wird durch sie alles schlecht. Auf diese Weise entwickelt dann ein jeder Mensch in sich entweder den Himmel oder die Hölle. Aus dem aber geht hervor, dass ein jeder Mensch durch die Art seiner Liebe der Schöpfer seiner eigenen inneren Welt wird, und dass er nie in irgendeinen Himmel oder in irgendeine Hölle kommen kann, sondern nur in das Werk seiner Liebe. GS.2.119,10+13

Wenn der Mensch das Wort Gottes hört und Seine Werke betrachtet, dadurch wird der Gedanke Gottes im Menschen hervorgerufen. Ist der Gedanke einmal hervorgerufen, so soll ihn der Mensch nicht mehr auslassen, sondern ihn ebenfalls fester und fester fassen. Dieses Fester- und Festerfassen ist der Glaube. Wenn nun der Mensch durch den festen Glauben, also durch das stets größere Fixieren des Gedankens Gottes in sich, Gott Selbst zu einem lebendigen Gefühle gemacht hat, so betritt er mit seinen Füßen die Welt Gottes in sich. Er erschauet in dieser Welt Wunderdinge über Wunderdinge. GS.2.12,17

Gott Selbst ist der höchste und allervollkommenste, ewigste Urmensch aus Sich Selbst; das heißt, dieser Mensch ist in sich selbst ein Feuer, dessen Gefühl die Liebe ist; ein Licht, dessen Gefühl Verstand und Weisheit sind; und eine Wärme, deren Gefühl das Leben selbst ist in der vollsten Sphäre des Seiner-Selbst-Bewusstseins. GEJ.4.56,01

Gott ist die Liebe und wenn dein Herz je von einer mächtigen Liebe ergriffen wird, so denke: Gott ist in dieser Liebe! RBl.1.57,11

Du musst Gott erstens erkennen, und dazu hast du einen geordneten Verstand. Aber beim Verstande allein hat es nicht zu verbleiben. Was du verstehst, musst du ehest in dein Herz oder in dein Leben aufnehmen, es damit beleben, und du wirst dann schon auf dem rechten Wege sein! GEJ.5.178,06

Ihr müsst euch auch von Meinen Himmeln keine zu breiten Gedanken, sondern ganz enge und kleine Vorstellungen machen, dann werdet ihr darinnen die wahre Glückseligkeit finden. – Ein Herz voll Liebe zu Mir und zu den Brüdern und Schwestern, sowie ein tätigkeitslustiger und tätigkeitsvoller Sinn, das wird jedem von euch die wahre, ewige Seligkeit begründen.

So sollt ihr euch Meine Himmel auch nicht irgendwo als recht weit entfernt vorstellen, sondern ganz nahe. Der ganze Weg beträgt höchstens drei Spannen Maß: die Entfernung vom Kopf bis ins Zentrum des Herzens! Habt ihr diese kleine Strecke zurückgelegt, so seid ihr auch schon drinnen. Denkt ja nicht, dass wir etwa eine Auffahrt über alle Sterne hinauf und hinaus machen werden, sondern eine Niederfahrt nur in unser Herz. Da werden wir unsere Himmel und das wahre, ewige Leben finden!

RBl.2.278,5-6

Hauptsächlich aber sollet ihr bei allem dem auf eure Gefühle die größte Achtsamkeit verwenden. Denn das ist eigentlich der Hauptgrund, warum Ich solches für euch beabsichtige. Und ihr werdet daselbst durch eine besondere Zulassung von Mir euch von noch nie geahnten und noch viel weniger gehabten Gefühlen bemeistert fühlen, welche euch mehr sagen werden, als alle Bücher der Welt zu fassen vermöchten!

Hi.1.148,5

Ich kenne die Menschen alle und weiß, was da alles in ihren Herzen vorgeht. Zudem geht auch nur von Mir die Lenkung der Gefühle im Herzen aus; wo es nötig ist, da weiß Ich, was Ich zu tun habe.

GEJ.4.21,10

Überschwänglich groß ist deine Liebe zu Gott, deinem Vater; aber wäre es dir möglich, die Freude des Vaters zu verkosten über die große Liebe eines Kindes zu Ihm, und dann zu ermessen Seine großen Liebesphantasien und Gedanken, in denen Er allmächtig, unendlich und ewig große Pläne macht, ein solch Ihn über alles liebendes Kind auch so unendlich glücklich zu machen, als es nur immer Seiner unendlichen Allmacht möglich ist, da würdest du wohl vergehen schon bei der leisesten Annäherung zu einem solchen Gedanken Gottes! Schwärme aber du in deiner reinen Liebe zu Gott nur immer also fort, wie du bis jetzt geschwärmt hast, so wird aus solch einer Schwärmerei einst eine große Wirklichkeit hervorgehen, über die sich dein Geist höchst erstaunen wird! HGt.2.224,18-19

Durch deine Liebe zu Mir bist du ja in Mir, wie Ich in dir, und so sind wir eins in der Liebe. RBl.1.42,02

Ja, je mehr wir uns der Vollendung nähern, desto mehr werden wir auch stets gewahr, dass unser Fleisch, die Welt und der Ehrgeiz unseres fleischlichen Herzens dem lebendig wach werden wollenden Geiste stets neue Steine unter die Füße legen, damit er nur wieder fallen möchte zurück in seinen ursprünglichen Todesschlaf! HGt.2.205,5

So ihr den Vater in Mir in Meinem Namen um etwas bittet, da bittet Ihn vor allem nur um die unvergänglichen Schätze des Reiches Gottes, und ihr werdet sie erhalten, und mit ihnen auch das, was euch zum Leben auf dieser Erde nottut! GEJ.9.210,16

Daher sollet ihr auch nicht ängstlich sein, – denn ohne Meine Zulassung kann nichts geschehen; wenn Ich aber irgendetwas zulasse, so habe Ich allzeit Meinen besten Grund dazu!   HGt.2.158,26

Nimm dich zusammen und lass dich nicht vom Zorn gefangen nehmen. Dem Zornigen darfst du nicht mit Gegenzorn begegnen, sondern nur mit sanftmütigem Ernst, dann wirst du über ihn den schlagendsten Sieg erbeuten! Denn der Zorn will wieder Zorn erwecken, um ihn dann durch seine vermeinte Übermacht zu töten. Findet aber der Zorn nichts, daran er sich vergreifen könnte, so kehrt er auf sich selbst zurück und zerfleischt sich selbst. Daher sei auf alles gefasst; sei ernst und sanft, so wirst du siegen!   BM.171,02

Der unendliche Gott hat in dein geistig Herz Sein vollkommenes Ebenbild gelegt; dieses ist dein Leben und ist in dir. Deine mächtige Liebe zu Gott ist dieses dich belebende Ebenbild Gottes in dir; daher bleibe in dir, und hebe dieses Heiligtum nicht aus dir, sondern mache es fest in dir, so wirst du Gott haben stets wirkend in deiner sicher größten Nähe und wirst nicht nötig haben zu fragen: ‚Hinter welchem Sterne wohnt Gott?‘, sondern du wirst erkennen in dir den eigenen heiligen Stern, hinter dem dein Gott wohnt und dir schafft fortwährend – dir freilich noch unbewusst – das Leben. Also erwecke denn deine Liebe in dir zu einem dir nahen Gott.   HGt.3.56,20-22

So ihr betet, da betet im Herzen voll Liebe geistig und wahr.   Hi.3.97,12

So jemand die Größe Meiner Erbarmung und Gnade an sich und in sich lebendigst erkennet, dass er dann in seinem Herzen zu Mir für immer erbrennt, so zwar, dass er sich Dankes ohnmächtig fühlt ob der Größe Meiner Wohltat an ihm, und findet auch keine Worte, mit denen er das seines Dankes ausdrücken möchte, wovon sein ganzes Inneres in den höchsten und reinsten Flammen der Liebe seines Herzens zu Mir steht, – siehe, das ist der Mir wohlgefälligste Dank!

Denn, wer noch mit Worten Mir danken und Mich loben und preisen kann, der hat die Größe Meiner Wohltat, die Ich ihm angedeihen ließ, noch nicht in ihrer endlosen Größe zu beachten angefangen, und hat auch Mich, den großen, heiligen Geber, noch nicht erkannt, darum er dann auch die innerste Tiefe der wahren Demut in sich noch nicht ergriffen hat und seine Zunge auf weltliche Weise in Bewegung zu setzen vermag!

HGt.2.4,12-13

Wer von Mir tatsächlich gesegnet sein will, der muss Mein Wort, darin alle Gnade, alles Licht, alle Wahrheit und alle Macht wohnt, auch tatsächlich annehmen, ansonst es unmöglich wäre, ihm irgendeine Gnade zu erteilen.

GEJ.2.159,13

Mein Reich ist in eines jeden Menschen kleines Herz gelegt. Wer da hineinkommen will, muss also in sein eigenes Herz eingehen und sich da ein Plätzchen der Ruhe gründen, die da heißt Demut, Liebe und Zufriedenheit. Ist er damit in der Ordnung, ist auch sein Glück für ewig gemacht. Er wird dann bald sehr viel mehr finden, als er je erwartet hatte.

RBl.2.278,04

Alles, was auf der Erde, im Monde, in der Sonne und in allen Sternen geschieht, das geschieht ja nur durch die Liebe Gottes zum wahren Wohle und alleinigen Besten der Menschen, denn nur im Menschen liegt der Grund und der Zweck aller Schöpfung im endlosen Raume. Erkennt der Mensch das dankbar in seinem Gemüte an, so nähert er sich auch stets der Liebe und der Ordnung Gottes und geht dann bald und leicht ganz in dieselbe über und wird dadurch selbst weise und mächtig.

GEJ.8.140,4-7

Du sollst dich von Mir nicht etwa überreden lassen, sondern davon nur das annehmen, was dir einleuchtend ist; und so sollest du keine Silbe annehmen, die du allein glauben müsstest, ohne sie im Geiste zuvor bestimmt erfasst zu haben! Es gibt keinen schlimmeren Zustand für einen freien Menschen, als der da ist des Blindglaubens; denn ein solcher Glaube gebiert den wahrhaften Tod des Geistes.

HGt.2.151,7-8

Wer nach Vereinigung mit Gott strebt, wird zuerst trachten, Seinen Willen zu erfüllen und den eigenen unterzuordnen; denn nur der im Menschen lebendig gewordene und tatkräftige Gotteswille kann und wird niemals Schiffbruch leiden. Ist der Mensch aber eigenwillig und sucht etwas auszuführen, ohne sich darum zu kümmern, ob seine beabsichtigte Tat auch dem Willen Gottes entspricht, so darf er sich nicht wundern, wenn diese Tat nicht zu seinen Gunsten ausschlägt.

GEJ.11.51,9

Siehe, alles in der Welt vergeht, nur eines bleibet, und das ist die reine Liebe zu Mir und jede Handlung aus ihr! So du diese Liebe haben wirst, dann erst werde Ich dich erkennen und vollkommen segnen! – So du aber diese Liebe überkommen willst, da musst du zuvor dein Herz ganz rein machen von aller andern Liebe, die dir jetzt allerlei kleine und gar nichtige Vergnügungen schuf!

Hi.2.251,3-4

Also ist die rechte Liebe beschaffen: Stille duldend und nichts suchend denn allein den Gegenstand, den das Herz liebt. Und hat das Herz den gefunden, dann ist es glücklich und überglücklich, – wenn es den Geliebten auch nicht vor den Augen hat, aber desto mehr im Herzen! Wenn aber der Geliebte sieht die stille, duldende Sehnsucht des Liebenden, da er ist voll Demut und sich kaum getraut, aufzublicken zu dem Geliebten, – wahrlich, der ist es, dessen Liebe gleichkommt der Liebe Dessen, den er liebt, und der ihn schon liebte, ehe er noch war!

HGt.1.166,15-16

Nur ein Fünklein im Zentrum der Seele ist das, was man Geist Gottes und das eigentliche Leben nennt. Dieses Fünklein muss genährt werden mit geistiger Kost, die da ist das reine Wort Gottes. Durch diese Kost wird das Fünklein größer und mächtiger in der Seele, zieht endlich selbst die Menschengestalt der Seele an, durchdringt die Seele endlich ganz und gar und umwandelt am Ende die ganze Seele in sein Wesen; dann freilich wird die Seele selbst ganz Leben, das sich als solches in aller Tiefe der Tiefen erkennt.

GEJ.3.42,6

So du deinen Geist nicht durch Wege, die Ich dir mit Meiner Lehre und Tat zeige, erweckest, kannst du das göttlich Lebendige Meines Wortes nicht einmal erkennen, geschweige in dessen lebengebende Tiefen eindringen!

GEJ.1.18,3

Wer da dächte, er könne sich durch seine Handlungen Mir dankbar bezeigen, so sie entsprechen möchten völlig Meinem Willen, siehe, der auch ist in einer großen Irre; denn was kann jemand denn tun, dass Ich seines Dienstes benötigte, als könnte Ich solches ohne ihn nicht zuwege bringen?!
Wer da Meinen Willen mag vollziehen, durch wen mag er denn solches?
Ist es nicht Meine Kraft in ihm, die solches ihn vollbringen macht, dafür er Mir ja doch wieder nur den höchsten Dank schuldig ist?!
Wie möchte aber jemand Mir damit danken, dafür er Mir nur den Dank alles Dankes schuldet?!
Wer mir alsonach aber allein gültig und wohlgefällig danken will, der danke Mir durch die Liebe wortlos in der tiefsten Demut seines Herzens, und Ich werde seinen Dank ansehen und ihn also annehmen, als wäre er etwas vor Mir!

HGt.2.4,15-19

Wenn Gott nicht der Menschen zur stets größeren Sättigung Seiner Liebe bedurft hätte, so hätte Er sie auch nie erschaffen; da Er sie aber erschaffen hat, so kümmert Er sich auch um sie und um ihre ewige Erhaltung und zeigt dadurch, dass Ihm gar alles an den Menschen gelegen ist. Es sollte den Menschen darum aber auch alles an Gott gelegen sein!

GEJ.8.129,13

Der irdische Gehirnverstand kann unmöglich je etwas rein Geistiges aufnehmen und fassen, weil er dem Menschen nur zur nötigen Versorgung seines Leibes gegeben ist. GEJ.3.182,22

Wer nicht beständig mit Mir wandelt, der geht gar oft seinem Unglücke blind in die Arme und ahnet nichts von selbem, bis es ihn durch und durch gefangenegenommen hat! – So aber Ich mit bin auf irgendeiner Reise oder anderartigen Unternehmung, so werde Ich es nie zulassen, dass demjenigen, der an Meiner Seite wandelt, auch nur ein Haar gekrümmt werde! Hi.1.226,5

Niemand kann wissen, was im Menschen alles als zum Leben Notwendiges verborgen ist, als nur der Geist, der im Innersten des Menschen ist und wohnt; und so weiß auch kein Weltweiser, was Gott Selbst und was in Ihm ist, als nur der Geist Gottes, der alle Tiefen Dessen durchdringt. Wenn der Geist im Menschen aber nicht als das wahre Lebenslicht erweckt wird, da ist es finster im Menschen, und er erkennt sich nicht. Wenn durch den Glauben an Mich und durch die Liebe zu Mir und zum Nächsten aber der Geist im Menschen erweckt und zum hellen Lichte entzündet wird, dann durchdringt der Geist den ganzen Menschen, durch und durch, und der Mensch erschaut da, was in ihm ist und erkennet sich. Und wer sich erkennt, der erkennt auch Gott; denn der wahre und ewige Lebensgeist im Menschen ist nicht ein Menschengeist, sondern ein Gottesgeist im Menschen, ansonst der Mensch kein Ebenmaß Gottes wäre. GEJ.9.58,6-7

Tue alles weg, was unnötig und zwecklos ist, so wird deine Seele dann gleich mehr Zeit bekommen, an der Freimachung des Geistes zu arbeiten. – So wirst du dann viel freier den wahren Weg zum ewigen Leben verfolgen können, was denn doch die einzige Bestimmung eines jeden Menschen sein soll.   Hi.2.432,10

Was sich der Mensch mit seinen ihm verliehenen Kräften nicht als selbsttätig verschafft, das kann und darf ihm auch Gott nicht verschaffen, ohne ihn zu richten! Darum seid denn auch alle nicht eitel pure Hörer Meines Wortes, sondern eifrige Täter desselben, so werdet ihr erst dessen Segnungen in euch wahrzunehmen anfangen!   GEJ.1.220,6-7

Reich sein auf dieser Erde und für sich nur so viel verwenden, als man zur Erhaltung seiner selbst höchst nötig braucht, also karg sein gegen sich, um desto freigebiger gegen die Armen sein zu können, dies ist die größte Gottähnlichkeit schon im Fleische dieser Erde! Aber je größer diese echte und allein wahre Gottähnlichkeit bei einem Menschen ist, desto mehr Segen und Gnade fließen ihm auch stets aus den Himmeln zu!   GEJ.3.192,11

Jeder Mensch aber wird erst im Absterben des Leibes vollkommen innewerden, wie er und warum er in der Welt gelebt hat. Darum rühme weder dich noch jemand andern vor dem Ende; denn da erst wird es jedem klar, wer er war und wie er seine Zeit verwendet hatte.   Hi.3.307,11

Suchet vor allem das Reich Gottes auf Erden, suchet es in euch, – alles andere wird euch dann schon mit dem Gottesreiche in euch gegeben werden; aber ohne dasselbe hat der Mensch so viel wie nichts. GEJ.7.126,9

So ihr aber den Vater um etwas bittet, da bittet Ihn nicht so sehr um die Güter dieser Erde, nach denen die blinden und törichten Heiden trachten, sondern bittet Ihn vielmehr um die unvergänglichen Schätze für Seele und Geist, und sie werden niemandem vorenthalten werden. Was aber die zum zeitlichen Lebenserhalt nötigen diesirdischen Güter betrifft, so werden sie jedem, der sein Bestreben und Bitten und Suchen nur nach dem Reiche Gottes und nach dessen liebevollster Gerechtigkeit richtet, frei hinzugegeben werden. GEJ.9.209,9

Es kommt alles darauf an, ob du Gott lieben kannst oder nicht. Kannst du Gott lieben in aller Demut deines Herzens, so bist du in diesem Herzen; kannst du aber Gott nicht lieben, dann bist du nicht im Herzen, sondern im Gerichte. Wenn du demnach im Herzen bist, so wird der Herr sorgen für dich als ein allerwahrhaftigster Vater. Willst du aber ohne das Herz die Bedingungen auf dich nehmen, so wirst du nicht bestehen unter der Last der großen Prüfungen Gottes; denn für die, welche in Seinem Herzen sind, hat Er kein Gesetz gegeben, denn allein das, dass sie Ihn lieben stets mehr und mehr. GS.2.17,11+15

Der Wille aber ist die Kraft der Liebe in uns; wie diese beschaffen ist, ebenso auch der Wille. GEJ.9.101,1

Der Friede sei mit dir, das Reich Gottes ist dir nahege-
kommen! Lass ab von deinem lasterhaften Leben, liebe
Gott über alles und deinen Nächsten wie dich selbst!
Suche die Wahrheit, suche das Reich Gottes in deines
Herzens Tiefen! Lass ab von der Welt und ihrer losen
Materie, und suche zu wecken in dir des Geistes Leben!
Bete, forsche und handle in der Ordnung Gottes!

GEJ.4.230,6

Wenn es dir wohl geht, so gedenke, dass es dir leicht
wieder übel gehen kann; und geht es dir übel, so gedenke, dass es dir wieder wohl gehen kann, so wirst du
nie übermütig und nie kleinmütig werden.   Hi.3.307,10

Es wird neben den Erleuchteten auch stets Unerleuch-
tete geben! Aber darum wird es auf dieser Erde an
wahrhaft erleuchteten Menschen nie einen Mangel haben, und diesen wird stets die Gelegenheit geboten
sein, die Unerleuchteten mit ihrem wahren Lebenslichte zu erleuchten; und welche Erleuchteten das tun
werden in Meinem Namen, deren Lohn wird groß sein
in Meinem Reiche dereinst!   GEJ.8.14,21

Meine Lehre und Mein lebendiges Wort aber, das zu
euch kommt aus Meinem Munde durch die Liebe in
euch, steht höher denn alle Propheten und alle Weisheit der Engel! - Denn die Liebe ist das Erste und
Höchste, hernach kommt erst die Weisheit.
Wer daher die wahre Liebe hat zu Mir, dem wird auch
Weisheit in der Fülle gegeben werden. Wer aber sucht
die Wahrheit ohne die Liebe vorher, der wird nichts
finden denn Trug.   Hi.1.17,12-13

Es gibt eigentlich nur einen einzigen Sinn, und der heißet Liebe, die da wohnt im Herzen. Dieser Sinn muss vor allem gestärkt, gebildet und geläutert werden, und alles, was der Mensch tut, was er will, was er denkt, und was er urteilt, muss von der lebensheißen Lichtflamme aus dem Feuer der reinen Liebe erleuchtet und durchleuchtet sein, damit da alle Geister erwachen am Morgen des im Menschenherzen werdenden Lebenstages.   GEJ.5.62,4

Gott Selbst ist die urewige reinste Liebe, und ihr Feuer ist das Leben und die Weisheit in Gott, und also aus Gott wie in Gott das Leben und das Licht aller Wesen. Die Funken aus dem Essenfeuer der reinsten Gottesliebe in Gott sind die Kinder Gottes gleichen Ursprungs aus dem einen Herzen Gottes! Auch du bist ein solcher Funke! Fache dich an zu einem lebendigen Brand und du wirst in deinem Herzen Gott schauen!
                                    RBl.2.157,7

Meine Liebe ist der größte Reichtum und der herrlichste Schmuck des Lebens! Wer diese hat, der hat alles! Übe dich daher in Meiner Liebe! Sei geduldig in allem und befolge gerne Meine leichten Gebote! Hab viele und große Freude an Meinem Worte und glaube es im Herzen, dass Ich es bin, der euch nun so reichlich regnen lässt das Manna aus den Himmeln, so wird es dir ein leichtes sein, dein Herz zu stärken in aller Liebe und beständigen Treue zu Mir!   Hi.2.100,9-10

Benutzte Abkürzungen

(alphabetisch)

BM	=	Bischof Martin
DT	=	Drei Tage im Tempel
EM	=	Erde und Mond
Fl	=	Die Fliege
GEJ	=	Großes Evangelium Johannes
GS	=	Geistige Sonne
Gg	=	Der Großglockner
HdS	=	Heilkraft des Sonnenlichts
HGt	=	Haushaltung Gottes
Hi	=	Himmelsgaben
JdS	=	Jenseits der Schwelle
JJ	=	Die Jugend Jesu
Lao	=	Brief an die Laodizäer
Lgh	=	Lebensgeheimnisse
NS	=	Natürliche Sonne
Nz	=	Naturzeugnisse
Pred	=	Predigten des Herrn
PuG	=	Psalmen und Gedichte
RBl	=	Von der Hölle zum Himmel (Robert Blum)
Sgh	=	Schöpfungsgeheimnisse
Sat	=	Der Saturn
Ste	=	Schrifttexterklärungen

Quellenangabe: Buch.Band.Kapitel.Vers bzw. Seite
z.B. GEJ.2.123,12 = Großes Evangelium Johannes
          Band 2. Kapitel 123, Vers 12
Hi.3.175,18 = Himmelsgaben.Band3.Seite 175,Vers 18

Jakob Lorber

Himmelsgaben
Worte aus der Höhe der Höhen

Erweiterte Neuauflage von Band 1 und 2

Neben den großen Eröffnungen empfing Jakob Lorber auch andere Licht- und Lebensworte geringeren Umfangs, Belehrungen und Aufschlüsse über allerlei wichtige Fragen und Anliegen seiner Freunde oder seines eigenen Herzens. Diese Gaben des Himmels bezeichnete Lorber — eben weil sie neben den andern großen Kundgaben einherliefen - als Nebenworte.

Diese bilden sozusagen sein geistiges Tagebuch und wurden in drei Bänden mit dem Titel „Himmelsgaben" veröffentlicht. Sie bieten ein aufschlussreiches und interessantes Bild von der Tätigkeit Lorbers und dem geistigen Leben des großen Propheten und seines Freundeskreises.

Die ersten beiden Bände liegen nun in einer Neuauflage vor und wurden um 40 weitere Nebenworte ergänzt.

Je ca. 500 Seiten, Paperback, (21,5 x 13,5 cm)
ISBN 978-3-7562-0058-0 u. ISBN 978-3-7562-0061-0

Bezug portofrei über Books on Demand Buchshop
oder im Buchhandel

Gottfried Mayerhofer

Geistesgaben
für innere und äußere
Verhältnisse und Zustände

Sammlung der Nebenworte in zwei Bänden

Neben seinen großen Hauptwerken „Predigten des
Herrn", „Schöpfungsgeheimnisse" und
„Lebensgeheimnisse" durfte Gottfried Mayerhofer
noch zahlreiche kleinere Kundgaben vom Herrn
empfangen, die im Laufe der Jahrzehnte in vielen
verschiedenen und längst vergriffenen Schriften
veröffentlicht wurden.
Diese „Nebenworte" liegen nun chronologisch zusammengetragen in zwei umfangreichen Bänden vor.

Je ca. 520 Seiten, Paperback, (21,5 x 13,5 cm)
ISBN 978-3-7543-3786-8 u. ISBN 978-3-7543-3791-2

Bezug portofrei über Books on Demand Buchshop
oder im Buchhandel

Johanne Ladner

Vaterbriefe
Worte der Ewigen Liebe

Eine einfache Frau des Volkes war es, durch welche die Liebe Gottes die in diesem Buch gesammelten Stärkungsworte und Belehrungen an die Menschenkinder ergehen ließ. Die Worte waren zunächst für einen engeren Freundeskreis bestimmt. Aber die zu Herzen dringende Liebesweisheit dieser schlichten „Vaterbriefe" machte sie bald zu einem wahren Volksgute, einem Quell des Trostes, der Belehrung und Erquickung für viele Menschen, die eine unmittelbare Verbindung mit dem Herzen Gottes, dem Vater in Jesus, ersehnten.

Neuauflage der drei Bände mit je ca. 290 Seiten
in Paperback

Bd. 1: ISBN 978-3-7534-2065-3
Bd. 2: ISBN 978-3-7557-8199-8
Bd. 3. ISBN 978-3-7543-7814-4

Bezug über BoD-Buchshop oder im Buchhandel

Ida Kling

Lebensworte
der Ewigen Liebe

Bereits im 21. Lebensjahr durfte Ida Kling, wie sie es selbst in dem Bericht über ihr Berufungserlebnis schreibt, zum ersten Mal die Stimme des Herrn in sich vernehmen. Diese innere Stimme hat über viele Jahrzehnte nicht nur ihr, sondern sehr vielen Menschen Rat, Hilfe und Trost neben vielen Belehrungen über tiefste Lebensfragen geschenkt.

352 Seiten, Hardcover; ISBN 978-3-7534-0765-4

Ida Kling

Gnadenworte
der Ewigen Liebe

Neben den beiden Büchern „Vater und Kind" und „Lebensworte" durfte Ida Kling noch zahlreiche weitere Kundgaben vom Herrn empfangen, die im Laufe der Jahrzehnte in vielen verschiedenen und längst vergriffenen Schriften veröffentlicht wurden.
Diese liegen nun chronologisch zusammengetragen in einem weiteren Band vor.

368 Seiten, Hardcover; ISBN 978-3-7543-7816-8
Bezug über Books on Demand Buchshop
und im Buchhandel